京キリシタン始末

――下天と殉教

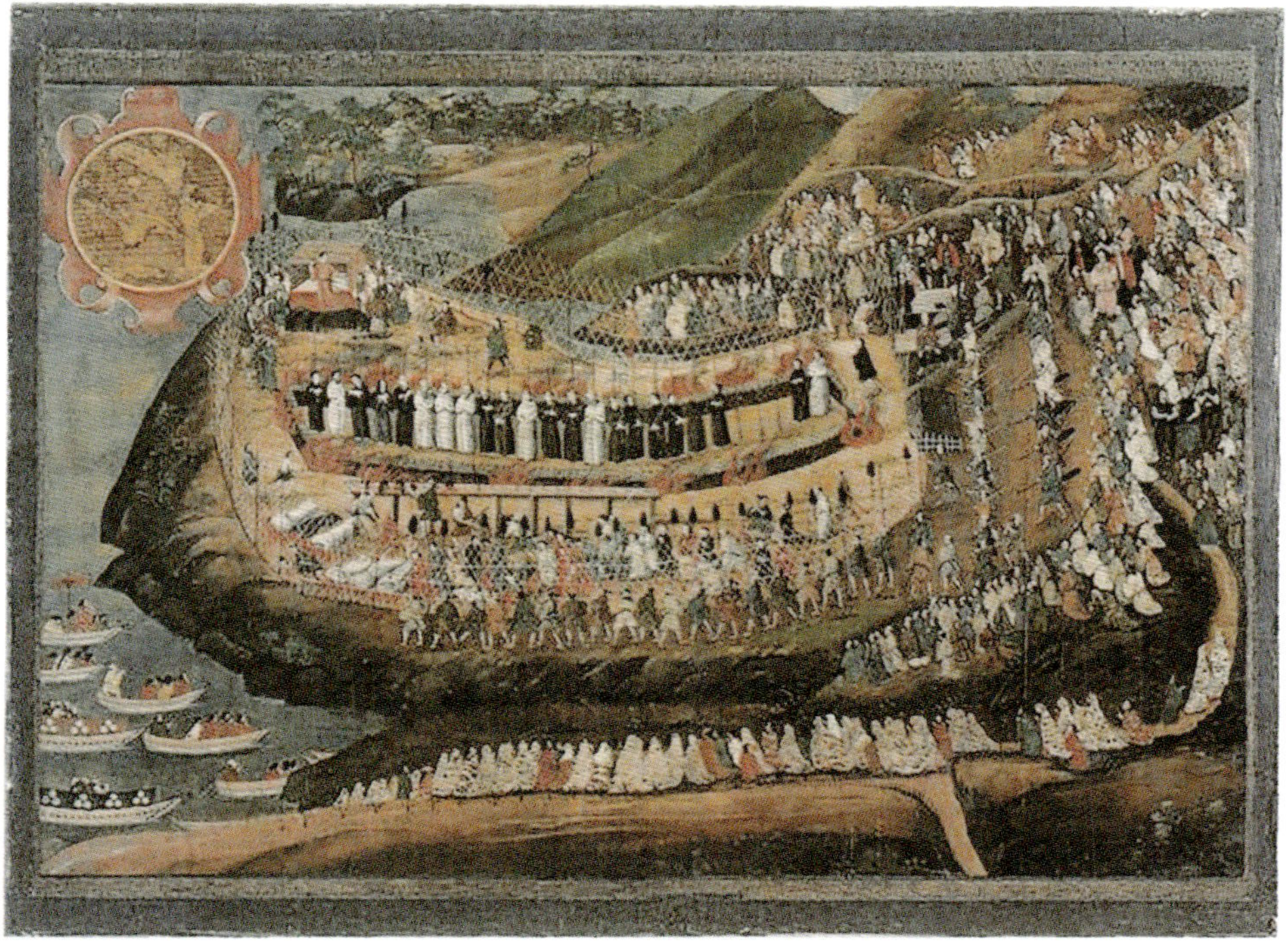

①元和長崎大殉教図（ローマ・イエズス教会蔵）
1622年11月10日　日本人70人と西洋人の長崎での殉教

②（部分）殉教（左から５人目がスピーノラ）

③（部分）殉教に立ち会う人びと

京《みやこ》キリシタン始末――下天と殉教　目次

目次

前章《まえのしょう》

(一) 大仏前正面通

五条の橋から東へ三筋目、そこで右折し鴨川に沿って南下、伏見の京橋に至る道を伏見街道と言う。京の人は京橋から船便で、宇治川を経て淀川下《くだ》りに出るのである。明治の初め頃まで、鴨川の東は田や畑で、五条通以南も町ではなかったが、伏見街道沿いには町屋が並び、人の往来も多かった。この街道に面して、西方に六条河原を望む所に方広寺大仏殿がある。東山の緑を背景に巨大な仏殿が聳える眺めは、道行く人びとの目を見張らせたことであろう。

元和《げんな》五年（一六一九）十月十七日、この場所で、焚刑《ふんけい》による大規模な集団処刑が行なわれた。キリシタンの、いわゆる「京都大殉教」である。処刑された死体は、そのままそこに七昼夜放置された。諸人への見せしめのためであった。

処刑後の五日目、夕刻から小雨模様だったが、大仏前の通りにはその夜も篝火が焚かれ、信徒らの立入りを阻む警固の役人が屯《たむろ》していた。ただし、街道を河原の方から眺めると、篝火に映えて、火の弾ける音や人声がするのは通りの方だけで、川瀬の音が聞こえる辺りは闇に包まれ、人の気配《けはい》もなかった。

深夜、間もなく寅の刻と思われる頃、川下の方から河原伝いに刑場に近づく黒い人影があった。影は三つ、それぞれ小脇《こわき》に抱えている物がある。竹矢来の所まで来ると、一人が竹組みの一か所を、人が身を屈《かが》めて通れるくらいに破り、他の二人が素早く中に潜り込んだ。間もなく戻って来た二人に外の一人も手を貸して、何か蓆《むしろ》に包んだ大きな物を矢来の外に押し出す。三人は街道の方を窺いながら一息つくと、蓆の包みを前後に支えて闇の中に消えた。この間終始無言、彼らの行動は敏速だった。

夜来の雨が上がり、かなり高くなった日差しが雲の切れ目から洩れる頃、一台の荷車が西ノ京の野道を北に向かっていた。車を引いているのは、大仏前の刑場に忍び込んだ三人である。積荷の陰に隠れるように例の蓆の包みが載せられていた。夜のうちに七条の南で鴨川を渡り、待たせてあった荷車で、洛外を大きく迂回してここまで来たのである。

荷車はやがて妙心寺北門に近い、とある古寺の前に止まり、崩れかけた土塀に沿って裏の墓地に回る。そこでは寺の庫裏《くり》からも人手が加わり、荷車を囲んで何か儀式が始まるようだ。

蓆に包まれていたのは、大仏前で処刑された死体であった。危険を冒して盗み出すだけの価値ある死体――これだけは何としても同信の手に取り戻したい。そんなキリシタンの執念が、死体をここまで運んだのである。捕縛を免れた上京《かみぎょう》だいうす丁《ちょう》（町）の住民による結束の結果だった。死体の主《ぬし》は俗名《ぞくみょう》橋本太兵衛《たひょうえ》、だいうす丁の中心人物である。

一日置いて七日目の夜にも、竹矢来の一部が破られ、刑死者の、今度は二体が盗まれた。幕府はキリシタンの死体が崇敬の対象になるのを恐れて、処刑後の亡骸《なきがら》は徹底的に突き崩し、人知れず処分するのが例であったから、二晩も矢来の中から遺体が持ち去られるなどということは、警備陣の重大な失態であった。ところが、関係者の処罰は意外に軽く、責任者の役人が叱責を受け、警固の任を解かれただけであった。死体の行方《ゆくえ》の探索もあまり厳しくはなかったが、そもそも警備の態勢が初めから緩く、伏見街道側が厳重であった割りには裏の方は手薄で、夜は無人に近かった。これでは侵入者を防ぐことはできない。

幕府の方針に反する、こうした事態が生じたのは何故だろうか。この謎を解くには、当時の京都所司代、板倉伊賀守勝重の登場を待たねばならない。織田・豊臣から徳川へと続く歴代所司代中、随一の傑出した人物として、勝重はその名を歴史に留《とど》めている。

道幅がかなり広くなった豊国神社前の通りに立って、耳塚《みみづか》を見上げる。同行の酒井さんが塚の由来を話してくれる。江戸時代に朝鮮の使節がここを訪れ、同胞の悲運に涙を流したと言う。しかし、穏やかな午後の日差しのなかで、青空に聳える塚には少しも暗い面影は無い。この辺りは昔はもっと広かった方広寺の境内で、隣接する豊国《とよくに》神社の大祭には上《かみ》・下《しも》両京の町組が集合し、華やかな群舞の輪が繰り広げられた。今は偲ぶ縁《よすが》もない盛大な祭りの場面は、《豊国祭礼図》に描かれている。酒井さんは私と肩を並べて、話しながら正面通を歩き始めた。

大仏前から西に伸びるこの通りは、東山から続く緩い斜面を下り、伏見街道を越えて少し行ったところで、今度は鴨川堤まで上り坂になる。

「昔はこういう地形やなかったと思います。今通った鞘町《さやまち》通から西は、たぶん鴨川の河原で、河水の氾濫を防ぐために後世ここに土盛りをし、現在の土堤を築いたのでしょう。古図を見ると、鴨川は以前もっと川幅が広く、その中を本流と分流が入り乱れて流れていたようです」

電車が走る川端に出ると、酒井さんは歩いて来た道を振り返って話を続けた。線路に並行する疏水の水は、流れが止まっているように見える。

「この通りは大仏殿の正面と言うことから、正面通と名づけられたのでしょうが、豊臣と徳川の覇権争いを象徴するようなところでもあります。東・西両本願寺が正面通の上に並び立っているのは、その一例と言えます」

今日私と一緒に歩いて説明役を務めてくれる酒井喜代志氏は、年来の友人である。酒井氏と改まるよりは酒井君と言うべき人だ。京都市で文化財保護の仕事をしているが、この日は私のために半日休暇を取ってくれたのである。京都に来る度に酒席の付き合いはあったものの、今回はキリシタン遺跡の調査という研究目的があるので、特に頼んで仕事を休んでもらったのである。

彼の説明によると、徳川家康が慶長八年烏丸《からすま》通に東本願寺を分立したのは、豊臣側に好意的な西本願寺への対抗心からで、教義上の相違によるのではない。西本願寺が豊臣寄りであったのは、織田信長との抗争に敗れた石山本願寺に寺地を与え、下京堀川通に活動の拠点を定めてくれた豊臣秀吉は、教団の危機を救った恩人だったからだ。豊臣との関係はそこから始まる。寺では堂宇を東向きに建設し、堀川通の表門を正面通に向かって開いた。これにより、本願寺は方広寺と正面通で一直線に結ばれ、正面通はさながら「豊臣通」の観を呈した。しかし、その後東本願寺が、また寛永十八年にはその法主別邸枳殻邸《きこくてい》が、それぞれ烏丸通と河原町通に面して建設され、正面通は寸断されてしまった。

慶長三年秀吉が没し、方広寺背後の東山阿弥陀《あみだ》ヶ峰に豊国廟、麓の大仏殿に接して豊国神社が創建され、後陽成天皇から豊国大明神の神号が贈られる。太閤秀吉の偉業を讃え、豊臣の治世を慕う京の町民は、前述のように洛中を挙げて豊国祭礼に熱狂した。

これを見た家康は、後に天下を取るや秀吉の神号を取り消し、豊国神社の破却を命じた。自らは没後東照大権現となり、日光に壮麗な東照宮を造営、歴代将軍が参詣する日光街道を江戸に発する五街道の一つとした。日光は江戸の真北に当たり、北から江戸を見守る構想は天子南面の思想に通じるところから、あるいは家康は西の天皇に対して、自らを東の帝王に擬していたのかも知れない。また方広寺の鐘銘問題が、豊家滅亡のきっかけになったことは周知の事実である。

「大仏殿造営の目的についてはは諸説があります。そもそも秀吉はどういう動機でこの地に大仏の造立《ぞうりゅう》を企てたのか。寺の境域を固める石垣の、あの巨大な石材を見ると、奈良の大仏を凌ぐモニュメントによって、自分の政治的権威を天下に示そうとしたとも言えるでしょう。しかし、これはやはり素直に、秀吉の宗教心の表われと考えた方がよいと私は思うのです。この六条河原では、昔から多くの人が処刑され、夥しい血が流されました。それらの怨念は成仏できずに迷っているかも知れません。戦国争乱の修羅場を潜ってきた秀吉の宗教心が、どの程度のものであったか分かりませんが、自らも人生の終末に差しかかり、彼がそれらの怨霊供養を思い立っても不思議ではありません。現に寺の門前にある耳塚は、さっきも言いましたように、朝鮮出兵で討ち取った相手の耳や鼻を削《そ》いで埋葬し、供養塔を立てたものです。

残念ながら、この思いは徳川方には通じませんでした。関ヶ原で勝った家康は、石田三成、小西行長、安国寺恵瓊《えけい》ら西軍諸将を六条河原で斬首しました」

正面橋の上から北山の方を眺めていると、春未だ浅い季節の風が、水量の少ない流れから吹き上げてくる。上手《かみて》に見える五条大橋までの間、傾ぶきかけた陽を受けて飛び交う水鳥の姿に、歴史を語る人の言葉がしばらく途切れる。

「六条河原と言うのは、正確にはあの五条の橋からこの橋まで、その間の河原を指します」

再び解説が始まる。

「昔の条坊制では、三条以南の通りが今より少し北にずれていましたから、五条大橋も以前はあそこではなく、その北の松原橋の位置にありました。そして秀吉の時代に、堅固な石の橋杙《はしぐい》（橋脚）に支えられた三条大橋が出来るまで、東国から京に入るには、主にこの松原橋、当時の五条の橋が利用されたようです」

平家や鎌倉幕府が、橋の東側の六波羅《ろくはら》を要所として武力で固めたのは、京の入口を守るためだった。従って都に兵乱が起これば、位置から見て、この辺りも戦場となり、殺戮《さつりく》の巷《ちまた》と化するのは避け難かった。

「その度毎に流れる水は血に染まったことでしょう。ですが、そんな過去の陰惨な状景は、今眼の前に展《ひろ》がる風景からは想像もできません」

この日は先に阿弥陀《あみだ》ヶ峰への長い石段を上《の》ぼり下《お》りして、両名とも少し疲れたので、

「今日はこの辺で」

ということになり、七条駅に向かう。元和五年の処刑の場は当然ながら跡形もなく、大殉教の現場を確める術《すべ》もなかったが、近世の歴史に明るい人と歩いてみて、刑場はやはり六条河原ではなく、もっと大仏に近い所という、直感的にひらめくものがあった。その直感に従えば、

――刑場は京の端、伏見に到る人通りの多い街道で、北に起つて京を貫流する加茂川からさまで遠からず、大仏の真向ひに位して居る。

とするガスパル・ルイスの報告（浦川和三郎訳『元和五・六年度の耶蘇会年報』）が、諸説ある中で最も事実に近いのではないかと思われる。

キリシタンの処刑が、六条河原ではなく、大仏前に寄せて行なわれたとすれば、そこに読み取ることができるのは、二代将軍秀忠の強固な意志である。元和五年五月、秀忠は娘和子《まさ》（後の東福門院和子）入内《じゅだい》のため、その下準備に上洛した。それと前後して、京のキリシタンへの取り締まりが強化され、多くの信徒が捕縛された。しかし見逃された者も少なからず、投獄された者もそのまま牢内に留め置かれた。用務を果たして帰途についた秀忠は、伏見でこのことを知り、激怒して所司代板倉勝重の怠慢を責め、直ちに全員を処刑せよとの厳命を下した。その際彼の念頭にあったのは、処刑場を大仏前にすることだった。その理由は、幕府側にはかねがね、京のキリシタンには大坂方の残党が潜んでいるのではないか、という疑念があったからである。「元和《げんな》偃武《えんぶ》」とは言うものの、豊臣家滅びて未だ日浅く、江戸幕府は豊家再興をもくろむ浪人狩りに必死だった。かつては京における豊臣家の拠点の一つだった方広寺大仏の前で、その一味を処断するのは、依然として太閤《たいこう》贔《び》屓《き》の京の人心に衝撃を与えることにもなる。

かなり強引なやり方で天下を取った父、家康の労苦を間近に見ていた秀忠にとって、キリシタン対策は徳川の覇権確立のためにも、ゆるがせにできぬ問題であった。

(二) 三法師守役《もりやく》橋本太兵衛

時代は溯るが、本能寺の変後、織田家の継嗣として三法師丸（織田秀信）が岐阜城に入り、十三万三千石の領主となったのは文禄元年（一五九二）のことであった。織田信忠（信長の嫡男）の遺命により三法師の守役となる前田玄以は、天正十一年（一五八三）五月、織田信雄《のぶかつ》（信長の次男）から京都奉行職に任命される。

「橋本太兵衛参りました」

敷居際で跪いた若者に、玄以は書見台から顔を上げ、「近う寄れ」と言った。

「そちも聞いて居《お》ろうが、わしはこの度《たび》京の市中取締りの御用を仰せ付かった」

境の襖を閉めて若者が中に入ると、玄以は少し声を落として話し出した。

「それ故向後《こうご》は常時京の奉行所に詰めていなければならぬ。然《さ》すれば、この安土《あづち》にて三法師君《ぎみ》の守役を相勤めることも叶わぬことになる……」

俯いて上司の膝の辺りに眼を落している若者を見つめて、玄以は溜め息をついた。

「明智勢に囲まれた二条御所で、御主君信忠様が仰せられた、『一刻も早く岐阜に立ち戻り、三法師を護れ』とのお言葉を、わしは生涯忘れることができぬ。燃え盛る火中に御主君を残して、ひたすら岐阜の本城に走り、明智方が攻め掛かる前に、何とか幼君を清洲の城に移し参らすことができた。信長様無念の御最期を想えば、何としても織田家の血脈《けつみゃく》を守らねばならぬ、との思いであった」

書院には庭側から入る昼下がりの光が溢れていた。しばらく言葉を切って、明るい空間に視線を漂わせながら、

「そこでじゃ」

話し手は声音《こわね》を変えて、きっぱりと言った。

「そちを見込んで頼みがある。わしに代わって三法師様のお守役を務めてもらいたいのじゃ。もとより表向きはこれまで通りである故、此《これ》はあくまで内々《ない》の話じゃ。お側《そば》近く仕える二、三の者にのみ言い含め置くこととなれば、この者どもと力を合わせて油断なく目配りし、何か事あらば直ちに京に報《し》らせよ」

「頼み」と言っても、これは君命に等しかった。当年二十一歳の若年の身には重過ぎる大役であったが、

「はハーッ」

と言うより他はなかった。

「いずれ遠からず、三法師君には岐阜に御帰還になる。その際は、御幼少なりとも一国一城の主《あるじ》として、家臣一同お仕えしなければならぬ。わしの見るところ天下は未だ収まらず、不時《ときならず》何事が起こるや逆睹《ぎゃくと》し難い。斯様な時に、斯かる重責をそちに負わすは真《まこと》に忍びない。然《さ》れど、他ならぬそちじゃによって、この大任を委ねるのじゃ。わしが申すはおこがましけれど、これもデウスのお導きであろう」

前田玄以宗向《むねさき》（一五三九―一六〇二）はこの時四十四歳、以後関ヶ原戦の直前まで十七年間、豊臣政権下で京町奉行を勤める。信長時代の京都所司代村井貞勝の教えを受け、在任中の治績大いにあがる。玄以は貞勝の女婿《じょせい》であった。

武士になる前、叡山《えいざん》の法師だった玄以は、転身後も民部卿法印と号した。キリシタンへの理解も深く、徳川初代の所司代板倉勝重とは共通するところがある。職掌柄自らは入信しなかったが、その身辺には多くのキリシタンがいた。二人の息子、四人の甥を初め、一族中に多数の受洗者を数える。ただし幼君三法師に関しては、周囲の影響を受けて幼少時に受洗を求めた本人の希望を、玄以は押し止《とど》めた。それは結局実を結ばなかったとは言え、天下人《てんかびと》となるべき織田家の嫡孫が当時置かれた微妙な立場への、玄以の政治的配慮によるものであった。

守役代行を命じられた橋本太兵衛は、親の代からのキリシタンである。父の実継《さねつぐ》は、庶出ではあるが西園寺の家系に繋がる名門の出で、ヴィレラ神父の時代に洗礼を受け、息子の太兵衛には信仰と共にポルトガル語を学ばせた。これには実継に息子へのある期待があり、息子の方はこの期待に応え、すでに十代の頃神学書を原語で読む才能を示した。実継の期待とは、利発な息子が将来南蛮貿易による商取引と、異国文物の移入に活躍することへの、些か過大な願望であった。玄以の慫慂《しょうよう》で、三法師の近習《きんじゅ》として織田家に仕えることになったため、父親の願望は直ぐには叶わなかったものの、その間実継自身の奮闘もあって、京の桔梗《ききょう》屋の名で知られる店の身代を築いた。玄以より三歳年上《としうえ》の実継は、実は若年の頃やはり叡山で僧籍に在り、そこで玄以とも知り合うことになったのだが、前後して叡山を離れた二人は別の途を選んだ。彼は伝手《つて》を頼って堺に赴き、船問屋の手代《てだい》になったのである。

永禄五年十二月、京に起こった戦乱を避けて堺に下だり、豪商日比屋了珪《りょうけい》宅に寄宿したヴィレラ神父とイルマン（修道士）・ロレンソは、約一年間この地に留まり布教を続けた。その成果は目覚ましく、宿主の了珪を始め、町の支配層に多くの入信者を出した。実継が受洗したのもこの頃である。商家として了善と名乗ったのは、入信時に感銘を受けた日本人イルマン、ロレンソの教名に因《ちな》む。以後日比屋は堺におけるキリシタンの中核的存在となり、京《みやこ》の教会が危機に瀕する度《たび》にバテレンらの避難所として、また堺湊を経て都と下《しも》の地方（九州）を往来する伝道者の足溜《あしだ》まりとして、大きな役割を果たした。

――人間は色身《シキシン》ばかりにあらず、果つる事無きアニマ（霊魂）を持つなり。このアニマは色身に命を与え、たとい色身は土、灰となるというとも、このアニマは終わる事なし、ただ善悪に従って、後生《ゴシヨウ》の苦楽に与《アズ》かるものなり（以上はキリシタンの教義書『ドチリイナキリシタン』の一節）。

所は岐阜城御殿の小書院。床の間を背にして座る秀信に対して、日課の講書に勤《いそ》しむ守役橋本太兵衛の姿があった。二人の前には書見台が置かれ、太兵衛の声に続いて秀信も同じ文言《もんごん》を読む。

「色身とはこの身体《からだ》、五体のことにござります。またアニマと申すは『たましい』、すなわち霊魂のことにござります。『人の体には魂が宿り、魂は死後も消えることなし』とは、古来この国にても知られておりまするが、キリシタンに於いては、とりわけこのアニマを重んじ、人の体は滅してもアニマは永劫《えいごう》に生きると申します。人の命はアニマによって生じ、この世の所行の善《よ》し悪《あ》しは、あの世でアニマに苦楽をもたらす、と説いているのでござります」

玄以に三法師の守役を命じられてから早くも十年、その間秀吉に一字を貰って秀信となった主君に、太兵衛はある時期から信仰の話をしてきた。今は『ドチリイナキリシタン』をテキストにしている。十三歳になったばかりの秀信には、太兵衛の講義は少し難しかった。

「『あの世でアニマに苦楽をもたらす』とはどういうことじゃ」

「わが国でも地獄・極楽と申します如く、キリシタンも死後の世をパライゾ（天国）とインヘルノ（地獄）に分けるのでござります。またその他プルガトウリヨ（煉獄《れんごく》）と申す地獄もござります。この世で身を慎み、善行を積みし者は、パライゾで永久《とこしえ》に至福の時を過ごすことが許され、悪行重ねたる者は地獄に堕ちて、あらゆる責め苦に会わねばなりませぬ。アニマは亡びること無きが故に、これら苦楽も果てしなく続き、終ることがござりませぬ」

太兵衛は自分の話がどこまで理解されているか、確かめるように秀信を見上げながら話し続ける。

「ただし、ここにはこの世の罪を償う一つの途が残されてござります。プルガトウリヨと申しまするは、罪軽き者、償いの折無かりし者が、火責めの苦しみに耐え抜きて後、漸く天に昇るを許される所にござります。如何《いか》に些細な罪なりとも、デウス様は決してお見逃しにならず、必ず償いを求められまするが、償い済みし者には救いの手を差し伸べられるのでござります」

ここで太兵衛はもう一枚、秀信用のテキストを控えの小姓に手渡す。『ドチリイナ』の原文から転写したものである。

「償いと救いの仕組みは、あの世と言わず、すでにこの世に定めがござります。バウチズモ（洗礼）とペニテンシヤ（悔悛）でござります。今お手許《もと》に奉りし一文《いちぶん》に、またお目通しの程を願い上げます」

——（バウチズモとは何事ぞ）

バウチズモとは、キリシタンになるサカラメント（秘跡）なり。之《コレ》を以てヒイデス（信仰）とガラサ（恩寵《おんちょう》）を受け奉り、オリジナル科《トガ》（原罪）と、その時までに犯《オカ》したる程の科を赦《ユル》し給うサカラメントなり。

――（如何なる覚悟を以て此のサカラメントを受け奉るべきぞや）

是非を弁《ワキマ》ゆる程の者ならば、先ずキリシタンにならんと望み、過ぎにし科を悔い悲しみ、其れより御主《オンアルジ》ゼズキリシトの御掟《ゴオキテ》を保ち奉るべきとの覚悟を以て、此のサカラメントを受くる事肝要なり。

「読み上げましたる一文は、サカラメント（秘跡）の一つなるバウチズモを説きたる個条にござります。バウチズモを受け、キリシタンになりし者は、信仰（ヒイデス）を得て神の恩寵（ガラサ）に浴するのでござります。オリジナル科《トガ》（＝根源の罪・原罪）と、バウチズモを受ける以前に犯したる罪を、恩寵により赦されるのでござります。固《もと》より赦しを受けるには、同じく個条に説かれる如き覚悟が肝要にて、犯せし罪を悔い改め、向後生涯を賭《と》して、ゼズキリシトの定め給うた御掟を守り貫かねばなりませぬ」

「オリジナル科と申すは如何なる罪じゃ」

この秀信の問いには太兵衛は答えられなかった。説明が難しいと言うより、太兵衛にもこの問題は腑《ふ》に落ちぬところがあったからである。

「この事につきましては、何れ《いず》後程《のちほど》、諸個条《かじょう》の読み上げが更に進みましたる後、改めてお話し申し上げます。今はただ『人が生まれながらに背負う罪』とのみ御承知置き下ださりませ」

と言うに留《とど》めた。

太兵衛がテキストに用いた『ドチリイナキリシタン』は、前年の文禄元年（一五九二）に下《しも》の天草《あまくさ》学林で、イエズス会により印刷・上梓《じょうし》されたものである。太兵衛はこれを堺の小嶋屋を通じて入手したのだが、原本はローマ字綴りの日本語で書かれているものの、太兵衛程度の学力が無くてはなかなか読み解き難い。岐阜城主となった秀信に、この書を使ってキリシタンの教育を始めたのは、前田玄以の慫慂《しょうよう》による。翌文禄三年、元服した秀信は、従者三名と共にオルガンティーノから洗礼を受け、教名パウロとなる。

「ペニテンシヤ（悔悛《かいしゅん》）につき、少々お話し申し上げます」として、太兵衛は更にテキストを読み講義を続ける。すなわち、ペニテンシヤには三つの方法がある。コンチリサン（痛悔）とコンヒサン（告解《こっかい》）、及びサチシハサン（償贖《しょうしょく》）である。コンチリサンとは心中の後悔、コンヒサンとは言葉で懺悔《ざんげ》すること、そしてサチシハサンは所作《しょさ》（行動）によって科送《とがおく》りすることを言う。

「この内コンヒサンは、上様かねて御承知の如く、バウチズモの後に犯したる罪の赦しを乞うて、パードレ（神父）の面前にて、密かに罪のすべてを打ち明けるのでござりまするが、その際心得べきことの一つとして、次の文言がござります」

太兵衛はまたテキストの一節を読む。

――我が身のコンシエンシヤ（良心）を細《コマカ》に糾明《キュウメイ》して、思い出《イダ》す程の科をさん悔《ゲ》する事なり。

「すなわち、自らが独り、または人前で、言うたり為したりしたることを事細かに思い起こし、諸々《もろもろ》のマンダメント（戒律）に違背するところ無かりしかを、厳しく点検いたすべし、との意にござります」
※以上テキスト原文の部分は、橋本進吉『キリシタン教義の研究』を参照した。

厳しい戒律を伴なうキリシタンの教義を、若い秀信は然《さ》したる抵抗も無く受け容れた。秀吉を初め年配の武将は、キリシタンは女犯《にょぼん》を禁ずるが故に入り難しと言う者もあったが、秀信にはそういうことも無かった。太兵衛は守役として、事ある毎《ごと》に玄以の助言を仰ぎつつ幼君の訓育に当たった。その際訓育の眼目とされたのは一種の帝王教育である。そこには織田家の旧臣たる玄以らの夢があった。旧主信忠の最期の声を忘れぬ玄以の執念と言うべきかも知れない。三法師を奉じて主家の再興を誓った秀吉は、今や自らが天下人となり、織田家を主家として立てる気は無かったから、最早秀信が諸大名に君臨する機会は無かった。それでも玄以は秀信の教育に関して、太兵衛に語ることをやめなかった。しかし、こうした熱意は実を結ばず、やがて織田一門そのものが、歴史の表舞台から消えて行くのである。

本能寺以降、信長の二・三男、信雄《のぶかつ》・信孝らは、織田の天下を守らんものとあらゆる手立てを尽くすのだが、結局秀吉に押し切られる。凡庸な信雄はともかく、異母弟信孝は秀吉と共に亡父の弔い合戦をした後、三法師を擁して織田の本拠（岐阜城）を固守せんとするも、秀吉に妨げられて果たさず、その後も抗戦を続けた末追いつめられて自刃する。その辞世の句に、

むかしより
主をうつミ※の野間なれば
報《むくい》をまてや羽柴ちくせん

※うつ＝討つ。内海《うつみ》の野間（知多半島）は自刃の地。

主を討った光秀と、筑前《ちくせん》秀吉とは、一体どこが違うのか。辞世の句に見る信孝の怨念は、玄以や太兵衛の思いでもあった。

㈢　長崎二十六聖人の殉教

夏の暑さも収まった秋の一日、上京《かみぎょう》二条の堺町通に一人の武士が現われた。桔梗屋と染め抜かれた暖簾《のれん》の前に立つと、編み笠を脱《と》って店内に入る。

「おいでやす」

声をかけた店の者は直《じき》に相好《そうごう》を崩し、

「あ、若旦那《わかだんな》さん」

と声を張り上げた。

武士はやや痩せ型の中背、色浅黒く全体に引き締まった印象を与える。かつての若者も既に三十半ばになる太兵衛であった。

間もなく奥座敷でこの店の主《あるじ》了善に対面する。

「此度《こたび》は方広寺の千僧供養で入洛いたしましたが、肥前名護屋から戻りまして日も浅く、御主君秀信様もかなりお疲れの御様子、しばらく京にて御静養なされます」

「ならば、そなたも当分は京暮らしになるのじゃな。宿所はやはり奉行屋敷か」

「はい」父の問いに答える息子の表情に、一瞬不安の影が過《よ》ぎった。

「玄以様の仰せられるには、京に逗留《とうりゅう》するはよいが、その間はくれぐれも言行に心を配り、太閤殿下のお咎めを蒙《こうむ》ることの無きようにせよ、とのことでござりました」

関白秀次が官位すべてを剝奪され、高野山に追われて切腹を命じられたのは、つい二か月前のことであった。妻妾も悉く三条河原で処刑された。

「とりわけ、先年来九州征伐の終わる頃から、太閤殿下はキリシタンをお嫌いなされ、バテレン追放を言い出されている折とて、われらキリシタン、一段と身を慎み、極力人目に付かぬよう振る舞うべし、とも仰せになりました」

秀吉の諱《いみな》の一字を与えられ秀信と名乗った三法師丸は、三年前岐阜城主となるに際して受洗を望んだが、玄以は前述のように思うところあってこれを抑えている。

天正十五年（一五八七）、島津征討のために九州に出陣した秀吉は、現地でキリスト教の教勢が意外に伸展していることを知り、突如禁教令を発する。そして大村純忠がイエズス会に寄進した、長崎教会領（知行権のみ）を没収して公領とした。秀吉が初めて禁教に踏み切った動機については諸説があるが、基本的には、漸く達成できる天下統一の成果が、キリシタンによる外国勢力に侵害される危険を予感したからに違いない。少なくとも、玄以はそう観ていた。

その一方、ポルトガル人との貿易の利や、異国文物の吸収を断念したわけではなく、信長時代に劣らぬ熱意さえ示したから、この時代の禁教政策は、次の時代に較べればかなり中途半端なものであった。京都、及びその他の南蛮寺院は取り壊され、キリシタン大名の筆頭とも言うべき高山右近らは、所領を奪われたりしたけれども、一般信徒の存在そのものは否定しなかった。

息子の話を聞きながら、煙管《きせる》をはたいて煙草を詰め換えた了善は、

「玄以殿はお役目柄、太閤様に近侍する機《おり》も多いであろう。従ってその辺の呼吸はよく心得ておいでのはず。信心を怠ることはならぬが、当分は万事あの方のお指図に従い、出過ぎぬように致さねばなるまい。特に秀信様のお立場は、見様《みよう》によっては今必ずしも揺るぎ無きものとは申し難い。玄以殿のご懸念《けねん》を己れの懸念と心得て、用心堅固にお仕えなされ」

二人が話しているところへ、母親のくらも加わり、茶を入れ直しながら口を挟んだ。

「この人にも、堺の実家《さと》の話をしておいた方がええのんと違うか。あのフランシスコ会とやらの……」

くらは了善が叡山から転身して勤めた堺の納屋衆、小嶋屋道与の娘である。半ば独立し

た形ではあるが、小嶋屋の京の出店を了善に委《ゆだ》ねたのは、末娘の婿であるだけでなく、京の上層社会に縁故のある彼の出自《しゅつじ》を見込んでのことでもあった。

「そうじゃな。あの様子では、岐阜の御城下へも何時フランシスコ会の手が伸びるやも知れず、信徒一同油断なく目配《くば》りを怠ってはならぬ。デウスの福音《ふくいん》を伝える同信の働きに否やのあろう筈もなけれど、イエズス会の謹慎をよそに恐れを知らぬ振舞。何ぞ起こらねばよいがと、心安まらぬ思いで見守り居るところじゃ」

「フランシスコ会のことは、私も存じております」

「然様《さよう》か。堺では早くも新たな入信者数十名になるとか。また大坂では小嶋屋の出店の近くに古い町屋を買い入れ、僧堂を兼ねて礼拝堂となし、これを拠点に、行くゆくは京に劣らぬ新伝道区設立の目論見《もくろみ》もあるやに聞く」

「京でも古寺の跡を買うて大きな天主堂を建て、癩《らい》の養生所も設ける由《よし》、玄以様から伺いました」

「先だって堺に出向きし折、オルガンティーノ様が言うてはった。初めフランシスコの会士らが呂宋《ルソン》から来着、名護屋で太閤様にお目通りした頃は、力強い援軍を得た思いであった。然るに、その後京・大坂では何を心得違いしてのことか、遠慮会釈《えしゃく》も無き勝手な振舞。

太閤様は何故《なにゆえ》か、伏見でもパードレ（神父）一行を御機嫌ようもてなされ、それに乗じて恰《あた》かも伝道の認可を得たるが如く、公然と諸方に布教する様《さま》が見られる。太閤様はお歳を召され、近頃は些細なことにも御気分が変わる故、それを知るオルガンティーノ様は、フランシスコ会の動きに殊の外ご心痛の模様、われらも共に薄氷を踏む思いじゃ」

天正末年、大陸侵攻の兵を起こした頃から、オルガンティーノの観察に違《たが》わず、太閤秀吉の内面には一つの変化が生じていた。位《くらい》人臣を極め、天下統一もほぼ達成するかに見える現実が、天下人《びと》の自覚と自負を促したのである。この人物の持ち味である現実対応の柔軟性が薄れ、硬直した権勢欲が目立つようになる。

「玄以様が聚楽第の造営に力を尽くされてから、未だ十年にならぬに早くも破却の厳命を受け、目下解体の段取りが進んでおります。巨額の金銀を投じて仕上げた壮麗な殿舎が、惜しげもなく廃材と化するを見て、玄以様の御心中いかばかりかと思わぬ者はおりませぬ。伏見では指月《しげつ》の城普請《ぶしん》もあり、矢継ぎ早に出される太閤様のお指し図に、さりげなく振舞われながらも玄以様、内々は御困却の体《てい》に見受けられます」

聚楽第の廃材については、玄以らの尽力により極力諸方で再利用され、特に貴重な遺構は破却せず、解体して既存の寺院や邸館に移建された。むしろ廃棄された部材はあまり無かったと見るべきであろう。

この夜は親子三人、久方振りに枕を並べての寝物語《ねものがたり》に語らいは尽きなかった。母親のくらは先に寝入ったが、男二人の話は再びフランシスコ会の話題に戻り、深更に至るまで続いた。

イエズス会の教徒が脅える、こうした不安は決して杞憂《きゆう》ではなかった。翌文禄五年（一五九六、十月より慶長元年）夏に起こった慶長大地震は、翌年まで大きな余震が続き、それに触発されたかのように、太閤の怒りはキリシタンに向かった。フランシスコ会の宣教師と信徒が捕縛され、最終的に二十六名が翌年長崎に送られて処刑された。いわゆる《二十六聖人の殉教》である。


文禄五年閏《うるう》七月十三日の大地震（マグニチュード七・二五）は、京都直下型地震であった（京都では十年余り前にも大地震があった）。京を初め近畿一円に被害をもたらした地震によって、禁裏を含む公家、洛中・洛外の武家屋敷や町屋の悉くが倒壊、または半壊した。社寺堂塔の損壊も激しく、方広寺大仏殿は原形を留《とど》めなかった。完成間近の伏見指月城は崩落、多数の死者を出した。記録によれば、「男女御番衆数多《あまた》死す、いまだその数を知らず」とあり、また城内に居た侍女や下女ら数百人が横死したとも伝えている。

堺町通の商家も軒並倒壊、桔梗屋も例外ではなかった。地鳴りと共に下から突き上げるような激震に、皆動転して戸外に転《まろ》び出たが、瓦葺きの屋根の下敷きになった家族もあった。幸いなことに、大きな火災は起こらなかった。最初の揺れが来たのは夜半であり、暑い季節でもあって、各戸に火の気《け》が無かったせいであろう。桔梗屋では、殆んど無傷で残った土蔵に、取りあえず一家が寝起きすることになった。堺町通の商家で、家屋が潰れても土蔵だけは残った例が多いのは、土台や骨組み、土壁の厚さ等、土蔵が災害に備えて一段と頑丈に仕上げられていたからである。商売柄南蛮渡来の舶載品を含む、高価な品を扱う店がこの町筋には多く、堅牢な収納蔵が必要だった。

比較的被害の少なかった堺の本店《ほんだな》からは、数日のうちに見舞いを兼ねて救援の人手が来たが、岐阜の太兵衛はなかなか現われなかった。未熟な主君を守る身として、軽々しく主家を離れるわけにはゆかなかったのである。震災の翌日から伏見の城の修築を諸大名に命じた太閤のために、岐阜から差し出した人数を見回る名目で、太兵衛が京に入ったのは八月も末になってのことであった。

太閤が伏見城の修築を急いだのは、一つには明使《みんし》を迎える準備のためだった。文禄の役の媾和を求める明の使者に、伏見城の威容を示して天下人の権威を高めようとした当初の目論見《もくろみ》は、震災の打撃を受けて挫折したとは言え、諦めきれない太閤の心中には、もう一つ、自然の災害であっても、己《おの》れの自負心を傷つけられた忿懣があった。結局会見は延期され、場所も大坂城に変わった。しかしその席で、明の国書に「爾《なんじ》を封じて日本国王と為す」との文言を見た太閤は、ついに怒りを爆発させた。明使楊方亨を追い返し、直ちに再度の朝鮮出兵を決断したのである。

これには太閤に忠誠を誓う諸将も困惑した。文禄の役が終わって漸く一息ついたところに、伏見の城普請や城下の町の造成を初め、土木・建築の工事が相次いで起こされ、労役の奉仕が各大名に課された。そこにまたも出兵の要請なのだ。

そもそも国書の無礼を怒った太閤の側に、戦《いくさ》の勝敗に関して誤解があった。それは勝ったつもりの日本側に対して、明国の方は必ずしも敗けたとは思っていなかったからである。媾和交渉に当たった小西行長らは双方の間で苦慮し、密かに相手方への国書の内容を改変し、秀吉の方から和を乞う形にする始末であった。

実際戦況も日本側の一方的勝利とは言えず、この上の再征は味方の諸将の不満を高めるだけ、と判断した徳川家康、前田利家らは、出兵を断念するよう進言したが、太閤は耳を貸さなかった。

同じ頃（慶長元年九月）メキシコに向かう途中土佐に漂着したイスパニア船、サン・フェリペ号の問題が起こった。長崎の《二十六聖人殉教》の引き金になったと言われる事件である。積荷の売却に応じない船長に対して、太閤の急使増田《ました》長盛は積荷没収を宣告するが、その時乗組員の一人按針《あんじん》デ・サンダが地球儀を指して、イスパニアの領土は広大で、それを獲得した手段は、先ず宣教師を送って信者を殖やし、信者が多数になったところで軍隊を派遣、信者らと呼応してその地を占領するのだと語った。このエピソードを伝えたのは実はイエズス会側の資料で、他方船長からの本国への報告書には、京のイエズス会士がイスパニアの侵略行為を誇張して、太閤の耳に吹き込んだと記されている。布教と貿易を回《めぐ》って競合する、大航海時代のスペインとポルトガルの対立を象徴するような話だが、積荷没収の腹癒《はらい》せに日本側を脅すに近い船員の言動は、この時期の不安定な太閤の神経を逆撫でしたに違いない。

太閤が態度を一変して、キリシタンの一斉捕縛を命じたとの知らせが入ったのは、上京の仮普請の同業者宅で密かにミサが行なわれている最中だった。

「ほれ見なはれ、言わんこっちゃない」

「やっぱりな」

ミサに集まった人びとは、口ぐちに呟きながら慌ただしく散会の準備に掛かった。そこへまた知らせが来て、

「捕まったのはフランシスコの信者だけやそうや」

一同これを聞いて拍子《ひょうし》抜けの体《てい》であったが、すぐ気を取り直し、

「いやいや、これはまだ序の口。これで済むとは思われぬ。御一同、努々《ゆめゆめ》油断召さるな」

互いに戒め合いつつ皆が家路についた後、更に三、四名が残って、堺の日比屋と連絡を取り今後の動きを探ることにした。了善を含め何れも堺に本店《だな》のある商家の面々である。

数日後堺に出した使いによって、前後の経緯が判明した。初めキリシタンは悉く捕えて処刑せよと息巻いた太閤に対して、ロドリゲス神父の訴えが側近の石田三成を動かし、その怒りを抑えたのである。その結果、呂宋《ルソン》総督の使節として来日したペドロ・バウティスタ神父以下五名のフランシスカン教師、その他フランシスコ会系の一般信徒らに、文禄五年十一月十一日、磔刑の宣告が下された。ところが、今度は合計二十四名の処刑者名簿に、パウロ三木他二名のイエズス会伝道者が含まれていることが分かり、今回はオルガンティーノ神父が書面で三成に三名の釈放を求めた。しかし三成の対応は前回と異なり、三人は

赦されなかった。オルガンティーノは大坂城内で三成にこう言われた。

「先年のキリシタン禁令以後、特例によって大坂滞在を許されしはバテレン・ロドリゲスのみ。然るに、大坂にて捕われたる者のなかに更に三名のイエズス会士あり、などと騒ぎたつれば、太閤殿下のお耳に入ってお怒りは一層燃え上がり、イエズス会全体に及ぶやも知れず。されば彼《あ》の三人は、そうならぬための已むを得ぬ歯止めと心得られるがよい」

太閤の手足となって働く数人の奉行のうち、石田三成、小西行長、前田玄以の三名はキリシタンに理解があり、何彼《なにか》と彼らの便宜を図った。三成がさりげなく示す温情に、オルガンティーノ老神父は引き下がるほかはなかった。

因みに、このオルガンティーノ神父がジョアン・ロドリゲス神父と共に、例外的ではあろうが、斯くも自由に豊臣政権に接し得たのは、先のバテレン追放の動機がかなり気紛れなものであったことを示すのではなかろうか。

上京一条の牢獄に投じられた二十四名は、やがて処刑の手始めに耳を削ぎ落とされ、京と伏見の町中を引き回された上、長崎の刑場に送られることになった。以下しばらく、彼らの最期を見届けた同信の人びとが伝える処刑の模様を、いわば「道行き」の段から追ってみよう。

翌慶長元年一月、一行は堺湊から中国筋を陸路一か月、長崎立山《たてやま》の処刑場に向かう。途中舟行の部分はほとんど無く、捕えられて着の身着のまま、厳寒の山陽道を皆裸足でよろめき歩いて行った。その彼らに追い縋るように、道中付いて離れぬ同信のうち、最後まで同行した二人を加えて二十六名が、最終的に筑前博多で、長崎奉行寺沢志摩守広高に引き渡されたのである。奉行多忙のため、以後長崎までの護送と処刑の任に当ったのは、実際には奉行の弟の半三郎であった。愈〻《いよいよ》死地が近づいたのに、一行は却って足取りも軽く、表情も晴れやかになるのを見て、半三郎はペドロ・バウティスタに、その理由を問わずにはいられなかった。

「われらデウスのために、間もなくこの世に別れを告げ、パライソ（天国）に昇りて永え《とこし》の命を受くる者。その日の近づくを思えば、身も心も自《おの》ずと弾む」

ペドロの答えであった。

また一行中に十二才の少年、ルドビコ・茨木が居るのを認めて憐れに思い、

「その方命が惜しくはないか。わしの計らいにて命を助けとらせる故、即刻切支丹を脱《ぬ》け、わしに従うて武士になれ」

半三郎の諭しに少年は凛然《りんぜん》と答えた。

「私はただバウティスタ神父に従うのみ、その他《ほか》の人の言葉は聴きませぬ。切支丹をやめ、デウス様を捨つるなど夢にも想わぬこと、パライソの喜びに較ぶれば、この世の苦楽は仮りそめの幻と言うべし」

神父の説教を引き写したような言い方にも、半三郎は咎めるより一層哀れみの思いを深め、

〈色白く、ふっくらとして、あどけなさの残る子どもが、切支丹の信仰によって斯くまで心を奪われるものか〉

といぶかしく思うのだった。

奉行の寺沢志摩は、実はかつて自らもキリシタンであった。異教取り締まりを責務とする長崎奉行の立場上、棄教を決断したのだったが、已むを得なかったこととは言え、後にこの話を弟から聞き、少年の頑《かたく》ななまでの一途さに較べて、一体自分の信仰は何だったのかと戸惑うのである。

二月五日浦上にて、漸くコンヒサン（告解）のみ許された一行は、そのまま刑場へ向かい、入江に臨む丘上の十字架に括り付けられた。日は早くも傾いて山上のみ明るく、刑場には夕靄が流れていた。

この場所は現在西坂（記念）公園として整備され、入江は埋め立てられて長崎本線の終着駅になっている。その後何度も殉教の地となり、多くの人血を吸った丘は、駅前広場に立ち並ぶ建物の背後に紛れも無く今も在る。しかし、忙しく行き交う人や車の流れは、時を経て死の幻影を視る者とは無縁である。

一基につき二人の処刑人が長槍を持って十字架の前に並び、処刑を検分する奉行（半三郎）は刑場の高みに控える。竹矢来の外に詰めかけた群衆は、口ぐちに祈りと讃歌の声を挙げ、刑吏を罵り、受刑者を励ます。四囲騒然とするなかで、十字架上の人のみ寂《せき》として声無く、瞑目し、天を仰ぐ。微かに口辺《こうへん》が動くのは、最後の祈りを捧げているのであろうか。

間もなく「掛かれ」の号令と共に、二本の槍がそれぞれ十字架の前で交わされ、その鋭い金属音に辺りは一瞬静まり返る。

「えいッ、えいッ、やァ」

諸人固唾《かたず》を呑んで見守るうちに、凄《すさ》まじい掛け声が響く。裂帛《れっぱく》の気合と共に槍は架上の人の両脇を突き、体内深く刺し貫くかと思う間に、鮮血迸って辺りを染める。矢来の外に居る者は、思わず顔を背ける。血の滴る槍を持ち直し、処刑人は何故か再び身構えている。

断末魔の呻き、悶え痙攣《けいれん》する四肢、次々にがっくりと首を垂れる人の姿を、正視し続ける者は無かった。やがて再び高まるオラショ（祈りの声）のなかで、最後に息を引き取ったのは、ペドロ・バウティスタ神父であった。

いわゆる《日本二十六聖人の殉教》として、世界的に知られる集団処刑は、これから二十六年後の「元和大殉教」を描いた図によって、その模様を具体的に知ることができる。この絵はイエズス会本部のある、ローマ・ヴェネチア広場近くのジェス（イエズス）教会に所蔵されており、元和八年九月十日、ほぼ同じ場所で執行されたキリシタン五十五名の処刑図である。これについては、また後に触れる。

処刑までの一部始終が京の了善らに伝えられたのは、早咲きの桜が綻び始める頃であった。京から長崎まで一行を追って行った者の一人が、ミサの後で参会者に報じたのだ。一行と苦難の道程を共にして、自らも同行を懇願したのだが、叶わなかったと言う。

予期されたこととは言え、キリシタンの集団処刑というこの大事件が、当時の人心に与えた衝撃は大きかった。京を初め各地に動揺が広がり、一般の住民は身辺のキリシタンに警戒の目を向け、一層隔てを置くようになった。それに対して、信徒側はますます身を引き締め、迫害に抗して信仰を守る決意を固めた。一方、それまで太閤を天下人と認めてきた宣教師らは、この事件を境に、彼を暴君《タイラント》と見る考えに変わり、ローマへの報告書にもそのように記した。

長崎立山はその後も集団処刑が繰り返され、キリシタン史上の聖地となる。京《みやこ》のキリシタンにとっても、そこは以後恐れよりも憧れの地となった。

(四) 太兵衛の縁談

京の桔梗屋では、この頃店舗移転の話が持ち上がっていた。地震で被害を受けたことでもあり、この際もっと町中の賑やかな所へ店を移そうと言うのである。

「上京の上立売《たちうり》に廃業して立ち退く店がある。去年の地震で主人が亡《の》うなって、跡取りも無いそうや。角店《かどみせ》で土地柄も良い」

そんな話が堺の小嶋屋から持ち込まれたのは、太閤の朝鮮再征により、京の町中に再び慌ただしい空気が流れ始めた頃であった。船問屋のこととて、俄かに活発になった博多方面への船の出入りに、小嶋屋道与は忙殺されていた。しかし道与の眼には、今回堺湊内外の動きに何となく危うさを覚えるものがあった。娘の嫁ぎ先の了善に店の場所替えを奨めたのは、これと同じ危うさの予感であったかも知れない。了善にもこの危うさの予感があったとすれば、それは当然信仰に関わる問題でなければならなかった。前述の「この際」という言葉にも、こうした意味が含まれていたのである。キリシタンであることは、これまで同信の者以外に殊更語ることはなかったのだが、商売をするからには、近隣の厳しい眼差《まなざ》しは極力避けなければならなかった。そこに丁度手頃な出物《でもの》があり、場所や立地条件にも不足は無かったのだ。

間もなく起こる関ヶ原の戦いを機として、やがてこの新店《しんみせ》が橋本太兵衛の活動拠点となるのである。

上立売新町通に移った桔梗屋では、大地震後仮普請のままだった前住者の住居を壊して、間口を拡げた二階建ての店舗を建てた。当時二階建ての家屋はまだ少なかったが、次第に増える奉公人の寝部屋として、天井の低い屋根裏のような二階の部屋が必要だった。土地にゆとりがあったので建坪は広くとったが、建物はあまり目立たぬように地味な構えにした。同じ新町《しんまち》通を南に下がった百足屋《むかでや》町には、豪商茶屋四郎次郎の大店《おおだな》があった。それとは較ぶべくもないとは言え、了善の心中には、何《いず》れ南蛮貿易で、この新店が茶屋を凌ぐ大《おお》商《あきな》いの場となることを、期する気持ちが秘されていた。

この年はまた太兵衛の身にも一つの変化があった。当年三十六歳の太兵衛に、縁談と言うよりは嫁取りの問題が起こったのだ。もとより、この歳になるまで独身《ひとりみ》を通した男に、初めて生じた話ではない。京の親元を初め家中《かちゅう》の誰彼《たれかれ》からも、何度か嫁取りの話が持ち込まれたのだが、その都度曖昧《あいまい》な返事で遣り過ごしてきたのである。これを見て、今回は殊の外厳しく妻帯を促した玄以に、太兵衛は実は自分には意中の人があると打ち明けたのだ。——同じく君側に仕える女性《にょしょう》故、言い出しかねているが、お互いに気持ちは通じている。相手は秀信の侍女で、家老の一人戸田帯刀《たてわき》の娘である。

公務で岐阜に戻っていた玄以は、これを聞いて早速書状を帯刀に送り、戸田家の意向を打診した。ところが、帯刀はこの申込みに難色を示した。太兵衛の信仰が障害になったのである。主君秀信の周辺にはキリシタンが少なからず、家老にも信者がいたけれども、帯刀家は代々法華《ほっけ》の壇越《だんおつ》で、異国渡来の宗教に拒否反応を示したのだ。

玄以にしてみれば、自分に成り代わって、ひたすら織田家の後継を養い育てた者が、壮齢になって漸く迎えた春の願いを、何としても叶えてやりたい思いであった。

岐阜滞在の期限も迫ることとて、斯くなる上は玄以が直々《じき》戸田家を訪ね、帯刀を説得する他はない。心を決めた玄以は、予告した上で、帯刀下城の頃合を見計らい戸田家に足を運んだ。

書院に通された玄以は、茶を啜りながら帯刀の妻女と話し込んでいた。一別以来の対面であった。尾張時代からの織田家旧臣であった戸田家は、秀信が岐阜の城主となった頃、玄以らと共に再び織田家に仕えた。従って玄以とは旧知の間柄だったが、その後豊臣政権の重要人物となった玄以は、帯刀にとって隔て無く話し合える相手ではなくなっていた。娘の縁談に信仰の問題が絡むとなれば、たとえ玄以の口利《くちき》きであっても、否応《いやおう》無く受け入れるわけには行かなかった。先祖伝来の法華の家から、自分の代にキリシタンと縁が生じるのは耐え難いことだった。

やがて襖の外から声があって、主の帯刀が入って来た。その背後にもう一人、若い女性が控えている。

挨拶が済むと、早速口を開いたのは玄以だった。

「本日は予《かね》てより書状を以てお願い仕りましたる儀につき、改めて申し上げたきこともござれば、斯《か》くはまかり越したる次第にござる。と申しまするは、他ならぬわが殿、秀信様の先行《さきゆ》きについてでござる。家臣一同合力《ごうりき》の甲斐あって、御主君漸く成年に達せられしは誠に喜ばしきことながら、豊臣の天下となりし昨今、人心必ずしも穏やかならず、なお争いの火種を蔵するやに見えるは杞憂《きゆう》にあらず。秀信様御成年とは申せ、未だ戦陣に臨まれしこと無く、修羅《しゅら》の巷《ちまた》に迷われしことも無く、ただ貴公子として傅《かしづ》かれ、名家嫡流の称を受けられしのみにござれば、一旦危急の秋《とき》到らば、われら君側に侍する者、一体となりて殿の前後を取り囲み、近づく敵を撃ち払わねばならぬ」

玄以はここで一息つき、冷えかけた茶碗に手を伸ばす。話の内容とは裏腹に、玄以の表情はにこやかである。

「そこで太兵衛の話になり申すが、あれの父親とは、それがし若年の頃より修業仲間でござった。然様《さよう》、叡山法師の時代でござる。伝手《つて》ありて織田家に仕えしそれがしとは異なり、あれの親は泉州堺に赴きて商賈《しょうこ》の人となり申したが、その地に生まれ、幼少時より南蛮人に接し、忽ち異国語に習熟せし太兵衛の利発さは、目を見張るものがござった。その頃織田家は幼君を擁して、お家再興に有用の士を求め居りし折から、それがし斯かる若者こそと存じ、本人の元服を待ちて安土に出仕せしめたる次第にござる。以後太兵衛はそれがしの留守を守りて君側に侍し、ひたすら輔弼《ほひつ》の務めを果たして参った。いずれはわれらに代わり、当家の柱石となるべき者かと属目《しょくもく》致し居りまするが、――いや、これは些か褒め過ぎでござるかの。（帯刀の斜め後ろに控えていた娘が袂で口元を押さえた。笑いを堪《こら》えているらしい）しかしながら、いくつになり申しても独り身を通し居ります故、あるいは奇人、変人との誹《そし》りあるやも知れずとは存じますれど、そは偏《ひとえ》にお家大事の一念の他、己れを顧みるゆとり無かりしためにござる」

玄以の話を黙って聴いていた帯刀が、ここで漸く口を開いた。

「これまでのお話、いちいちご尤もにて、それがし感銘仕りました。然《さ》れど、キリシタンにつきましては、やはり納得致し難く、玄以殿折角の御厚志なれど、此度《こたび》のお話はお受け致し兼ね申す。何卒事情御賢察賜わりまするよう、お願い申し上げます」

予想通りの反応に玄以はたじろぐことも無く、なおも説得を続ける。母親は帯刀と共に深く頭を下げているが、娘は却って顔を上げ、玄以を正視している。

「それがしの息子二人もキリシタンでござる。両名とも気性激しく、押さえのきかぬところもござったが、幸いにして順逆を誤ることなく、キリシタンなれども、主従の道に背くこともござりませなんだ。当家にはキリシタンとなりし者多く、秀信様も先年受洗なされ、城下に教会堂、施療院等設けられし故、領民にも信徒が増え申した。織田家々臣として向後お家を支えるに、キリシタンが妨げとなるとは、よもやあり得ぬことと存ずる。

時に帯刀殿。たえ殿でござったかの、御息女も御主君のお側に仕えて、太兵衛とは予て昵懇《じっこん》の御様子にござるが、あれの信心については、如何《いかが》お考えであろうかの」

答えは分かっていた。玄以は敢えて娘に口を開くきっかけを与えたのである。

「いかに昵懇《じっこん》なりとも、信心の話は別でござる。娘には常々申し聞かせてござれば、親と異なる考えがあろうはずもござらぬ」

帯刀は少し身体をずらして、娘の方を見遣ってから、そう言った。

「然様《さよう》か」と言ったなり、言葉を切った玄以に、「あの……」という遠慮勝ちな女の声が聞こえた。一瞬の沈黙を破って、娘のたえが口を開いたのである。

「私の考えをというお話でございますので、私からも一言《ひとこと》申し上げたく存じます。大筋は父の申しました通りでございます。ただ私の存じ上げます太兵衛様は、キリシタンの信心とは何の関わりもなく、朝夕お殿様のお傍を離れず、御用を務めておいでにございます。時にお話しさせて頂くことはございましても、御信心の話をされたことは一度もございませぬ。私としましては、これからも太兵衛様から然様《さよう》なお話を伺うことは無いと思うております」

「これ、愚かなことを申すでない」

帯刀の叱声が響いた。

「共に暮さば、主《あるじ》の信心に巻き込まれるは必定《ひつじょう》。周りをキリシタンに囲まれて、己れ独りの道を往けるわけが無かろう」

帯刀に窘《たしな》められて、たえは黙りこんだ。ただ口の中で、「それは私の心次第」と呟《つぶや》くだけであった。

正直な所彼女にも、自分の言っていることが、そのまま通らぬことは分かっていた。しかし、この機会を逃しては、父親に太兵衛を認めさせることが難しくなる。玄以の仲立ちがあれば、父親も何とか自分たちのことを理解してくれるかも知れない。そんな気持ちから、玄以の言葉に誘われて言わずもがなのことを言ったのである。この日も玄以の来訪があるというので、急遽宿下がりをしてきたが、同席を求められたわけではなかった。

娘の必死の思いにもかかわらず、帯刀の態度は頑なだった。玄以の面談も効を奏さなかった。キリシタンの大名に仕えて、キリシタンを拒んだのでは、君臣の道を全《まっと》うできないのではないかと思いつつも、玄以は逆の意味で自分にもある矛盾に気づいて、それ以上は口を噤《つぐ》まざるを得なかった。

ただこの日を境に、玄以が京に帰任した後、たえの内心にあった一抹の迷いが消えた。美人ではないが色白で、豊かな体付きからは母性的な印象を受けるけれども、その細面《ほそおもて》の眉宇《びう》に漂う表情の硬さは、彼女の男勝りの性格を示しているかに見える。

慶長二年から三年にかけて、冬は足早《あしばや》にやってきた。空気は乾いていたが、寒気は厳しかった。暮れから体調を崩していた太閤は、正月過ぎて時どき寝込むようになり、床に就いたまま政務を聴くことが多くなった。初め医師は風邪と見立てていたが、近頃では首を傾《かし》げるようになり、側近の者にはそれとなく老咳《ろうがい》の可能性を仄めかすこともあった。玄以はこうした病状を石田治部から耳打ちされ、

「これを知るは近侍する者のみ。御他言無用に願い度く……」

と口止めされた。

〈ここで太閤に万一の事あらば、混乱は必至だ。朝鮮出兵のことも然《さ》りながら、国内諸大名の動きも波瀾含み、向後の成り行きが読み取れぬ〉

玄以は豊臣政権が内包する矛盾を感知し、先行きを危ぶむ数少ない近臣の一人であった。

慶長元年末、再征を決断した太閤は、遠征軍を指揮すべく伏見から大坂城に移ったが、それ以上は動こうとはしなかった。既に体調に異状を覚えていたのかも知れない。前回（文禄の役）に見られる積極果敢な勢いを欠く総帥《そうすい》の姿勢が、諸将の目に映らぬはずはなかった。堺湊の小嶋屋が感じた危うさの一つは、実はこうして増幅された船出の諸将の厭

戦気分であった。今回も加藤清正、小西行長の両軍が先陣となって半島に侵攻したものの、この調子では戦局の進展にもあまり期待はもてず、それが太閤を苛立たせれば、その憤懣がどういうところに波及するか、小嶋屋にはある予感があった。彼の耳にはまた例のサン・フェリペ号の積荷没収事件や、その後のフィリピン（ルソン）総督側との交渉の経緯についても、様々な話が聞こえていた。半ば恫喝《どうかつ》に近い太閤の交易要求に対して、ルソン（イスパニア）当局は飽くまで積荷没収の責任を問い、日本側の要求に応えようとはしなかったが、これも喉に刺さった小骨のように、予て太閤の苛立ちを掻き立てる問題であった。小嶋屋道与が恐れたのは、何よりもこうした対外関係破綻の反動として、国内に排外的気分が拡がることだったのだ。

春になって太閤の病状は一時快方に向かった。応仁・文明の乱で焼失した醍醐寺諸堂の再建が成ったところであった。そこで、前から予定されていた花見の宴が寺域で催されることになり、岐阜から戻った玄以はその準備に忙殺された。いわゆる「醍醐の花見」である。秀吉は長者《ちょうじゃ》の装いで妻妾多数を引き連れ、山内各所に設けられた茶屋の間を嬉々として経巡《めぐ》った。それはまさに栄光と艱難を綯《な》い交《ま》ぜにした己《おの》が生涯に、別れを告げる宴《うたげ》でもあるかのようであった。

桜花爛漫の三月、花見に興じた太閤の体調は五月に入って再び悪化、陰うつな五月雨《さみだれ》の季節に心身の衰弱が目立つようになる。太閤の気力の衰えを見越したのであろうか、征朝の諸将が帰国し始める。恐らく家康、利家らの指示があったのだろう。秀吉自身も死を覚悟したかの如く、諸大名に秀頼への忠誠を誓わせ、家康、利家らに後事を託するのである。「秀頼がこと、お頼み申す。お頼み申す」と家康に向かって繰り返したと伝えられるが、死に臨んでの言葉とは言え、家康が油断のならない相手であることは充分承知しながら、斯く言わざるを得なかった愚父秀吉の哀れを思う。

太閤没後、家康・利家は朝鮮派遣の諸軍に全面撤退を命ずる。総帥の死を秘しての退却は困難を極めた。戦後処理が完了してから、天下人の後継として秀頼が伏見から大坂城に移り、その後《あと》に家康が入った。前田利家は秀頼の補佐役を務めるため大坂城に詰める。生前、豊臣政権の存続を図って五大老・五奉行の体制を定めた、太閤の意向に沿った人事だったが、政権を回《めぐ》る人間関係はそれ程単純ではなかった。

(五) 織田秀信の決断

初め織田信雄《のぶかつ》によって京都奉行に任ぜられた前田玄以は、実質的には秀吉に仕え、その京都改造計画を実行する役割を果たした。秀吉亡き後は、最早自分の仕事は終わったと思うと同時に、この後《あと》は誰が引き継ぐのか、関心を持たずにはいられなかった。かつて信長時代に村井貞勝が担った役割は、自然に自分のところに回《まわ》ってきた。しかし、今回はどうなるのか。形の上では、利家が後見する秀頼によって、あるいは五大老らの合議によって決まるのであろうが、実際にはどうなのか。玄以には見当がつかなかった。

その一方、玄以は職掌柄政権内の力関係や諸人物の動向をかなりよく把握していた。五大老と言っても、常に政権中枢に参画しているのは前田・徳川の両人だけで、施政の実務は三成を中心とする五奉行が担当しており、特段の問題が起こらぬ限り、平常の政権運営には殆ど支障はなかった。ただ、何と言っても政権内での家康の存在は大きく、太閤没後半年も経《た》たぬうちからその勝手な行動が目立った。とりわけ故太閤の法度《はっと》に背いて、伊達、福島らの大名と姻戚関係を結んだことは、他の大老や奉行らの指弾《しだん》を受け、反徳川の空気を醸成するきっかけとなった。太閤に育てられ、常に側近に在ってその晩年を支えた石田三成は、太閤を深く敬慕すると同時に家康の野心を見抜き、政権からの排除（暗殺）を図るが失敗する。豊臣家にとって、この時期最大の不運は前田利家の死であった。若年の頃から一貫して秀吉と親しく、信頼すべき友であった利家は、家康に誓いを守らせ、その行動を慎ませ得る唯一の人物であった。秀吉の没後半年（一五九九）、亡友の跡を追うかのように逝った利家が、その後も健在であったら、翌年の関ヶ原戦は恐らく起こらなかったであろう。利家の死去は、玄以にとっても大きな打撃であった。玄以は前田の一族であり、彼が織田家に仕えたのも、その縁故があったからである。豊臣時代に京都所司代となり、丹波亀山五万石を与えられたのは、彼の能吏としての実績が評価されただけではなかったであろう。キリシタンであった二人の息子（秀則・宗利）の過激な行動が、あまり厳しく咎められなかったのも、利家の存在に負うところがあったに違いない。

秀吉の死後、関ヶ原戦までの二年足らずの間に、家康は着々と地歩を固め、豊臣の天下に自家の勢力を拡げて行った。秀吉に対して、秀頼に忠誠を誓う血判起請文《きしょうもん》まで出した家康は、心中これを守る気は少しも無く、折あらば成り上がりの秀吉に取って代わり、天下を取らんとの野望を抱いていた。ただし、その戦略は武力を用いず、自然の成り行きでそうなるように仕向けることであった。晩年まで好戦的な態度を崩さなかった秀吉は、性来文治主義的傾向のあった家康にとって、反面教師的存在であった。三好・松永から明智の乱にいたる、いわゆる「下剋上《げこくじょう》」の系譜に、自分も連なることは極力避けなければならない。そう考える家康には、好運なことに豊臣側の二つの弱点が見えた。その一つは、秀吉子飼いの家臣団に対立があること、他の一つは、正室北政所《きたのまんどころ》（高台院）の退隠であった。前者は朝鮮出兵等で奮戦した武断派と、後方から彼らに指令を発した文治派の軋轢《あつれき》である。前線部隊の労苦をよそに、常に太閤に近侍して諸将への批判・中傷を繰り返した（と思われる）三成らは、君側の奸であり、不倶戴天の敵であった。そのため彼らは、豊臣の真の敵である家康側に加担し、関ヶ原では東軍の先鋒を務めて大坂方を攻撃したのだ。

北政所が大坂城西の丸を出て京に隠棲したのは、慶長四年九月のことである。秀頼母子が大坂城の主《あるじ》となった今、最早自分がこの城に居る意味はないと思ったのかも知れない。北政所は淀殿とは不和であったとも伝えられ、「秀頼は秀吉の実子ではない」と言う噂などもあったから、そんなことも彼女の大坂離れを促した可能性がある。出家して高台院となった彼女を家康は丁重に処遇し、亡夫追善のため京都東山に開いた高台寺の建立《こんりゅう》を助け、養老料一万六千石を贈ったりした。これにより家康は飽くまで豊臣家を庇護し、先君に礼を尽くすという形を示したことになる。

しかし他方で、北政所と入れ替わりに大坂城西の丸に入った家康は、そのまま居据わって本丸の秀頼母子と対峙した。利家に代わって豊臣家を守ると言うより、西の丸の城郭を整備して、秀頼らを威圧する姿勢を示したのである。

秀信所用の調度選定を命じられたと言う太兵衛が、玄以の役宅を訪ねたのは、用務を済ませて岐阜へ戻る前日のことだった。門前にはすでに灯が点《とも》り、玄以も帰宅していた。

「先《せん》だっての書状では、大分揉めているとあったが、少しはまとまる見込みはありそうかの」

玄以は手酌で杯を口にしながら、早速本題に入った。太兵衛は献杯後自らの杯はそのまま下に置いている。「内密の話があるから」と家人を下《さ》がらせ、相対《あいたい》で夕餉《げ》の膳を囲んだのは、目下岐阜の家中で続いている評議の是非を相談するためであった。

「いやいや、とてもまとまるどころではございませぬ。とりわけ石田治部少様が居城佐和山に戻られてから、頻りに使者を寄越されますため、対立は更に激しく、収拾は到底叶わぬ事態かと存じます。この際、やはり玄以様のお出座《でま》しが願わしゅうございます」

利家の庇護を失い、加藤・福島・黒田らの武断派に追い詰められた三成は、家康の助けを乞い、辛うじて近江佐和山の自城に逃げ込む。今や行く手を阻む者の居なくなった大坂で、家康は愈〻天下取りの工作を始めるのである。これを見て、三成も最後の肚《はら》を決める。すなわち、諸大名に呼び掛けて、家康糾弾の戦《いくさ》を起こそうと決意する。そのため、反徳川の諸将に決起を促すとともに、態度の定まらぬ所は利を以て誘うのである。岐阜の織田家は後者であったが、三成にとって織田家の戦略的価値は高かった。何と言っても秀信は織田の嫡流であり、岐阜は天下人の本拠であった。濃尾の領主らは今でも岐阜の動きを注視し、同調する者も多いはずだ。近江佐和山からは近距離のことでもあり、重ねて使者を送ったのは、三成のそんな思いからであった。

「治部少様の仰せでは、徳川殿を討ち果たした暁には、美濃・尾張二国の支配は秀信様にお委せする、ということでござります。殿はこの申し出を殊の外喜ばれ、石田方へは密かに合力《ごうりき》の旨を伝えられたやに聞き及んでおります」

「して、家老連の申し分には、やはり変わる気配は見られぬか」

「あまり変わりはござりませぬ。豊臣家には大義名分こそあれ、天下は今内府様（家康）を軸に動いております。内府様が万一豊臣家と疎隔を来たすことあらば、諸大名は徳川方に付くが有利と皆々思いおりますれば、織田家も大勢《たいせい》に従うが得策。御家老方は大方然様《おおかたさよう》に御考えの体《てい》にござります。ただし、柏原但馬、入江左近の御両所は、治部様お申し越し以後、一段と豊臣側への肩入れを強硬に申し立てられ、評定紛糾の元《もと》になっております。

お二人は信徒ではござりませぬが、御主君に従いミサにも屢々《しばしば》加わり居りますれば、あるいは殿の御内意を御承知の上のことかとも思料されます」

黙って盃を重ねていた玄以は、太兵衛に箸を取るように勧めてから、

「秀信様はそちには何も仰せにはならぬのか」と訊いた。

「お言葉の端ばしに大坂方への親しみを洩らされまするが、今のところあからさまには仰せになりませぬ。手前が常づね申し上げることを御承知の故にござりましょう」

「内府様は近頃諸大名の些細な動きにも目を光らせ、何かと咎め立てをなさる嫌いあり、不審を抱かれぬようにするが肝要じゃ。そちに乞われるまでもなく、一度岐阜に赴きて秀信様にお目通りし、また評定に於いても、改めて当方の存念を申し上げ、家中の統一を図らねばならぬと思うてはおるが……」

一瞬玄以は絶句して、傍らの灯火に目を遣《や》った。

「今わしが京を離れるは、徳川方に疑念を抱《いだ》かせるのみならず、織田家にも累《るい》が及ぼう。そちも存じおろうが、前田本家の利長公が謀叛《むほん》の濡《ぬ》れ衣《ぎぬ》を着せられ、疑いを晴らすべく、母君芳春院様（利家室《しつ》、松）を質《ち》として江戸に送ることとなりしは、つい先日のことであった。内府様は大老・奉行の面々には、殊更動静に目を凝らしてござる故、努《ゆめ》油断はならぬのじゃ」

ここで玄以は居住《いず》まいを正し、太兵衛を見据えるようにして言った。

「わしが動けぬとなれば、頼むはそちのみ、そちを措《お》きて他にはない。わしの一声《ひとこえ》を求めに参ったそなたには酷ではあるが、体を張ってでも御主君にわれらの存念を訴えてもらわねばならぬ。幸い、そちは秀信様御幼少の頃より側近に侍し、家中何人《なんぴと》にも増して思うところを言上《ごんじょう》し易き立場にある。豊臣と徳川と何れに与《くみ》するも危うさは変わらず、何れをも敵とせざるが安泰の道なり。斯く申さば、これに必ず異を唱うる者があろう。然れど、天下の帰趨《きすう》が定まらぬ今、他にこれに勝る良策はなしとせねばならぬ。ここの処をよくよく思案して、秀信様の御決断を賜わることじゃ」

〈はて――〉と太兵衛は思った。玄以の言葉を聞いて、洞《ほら》ヶ峠の一件を思い出したのである。今から十八年前、明智光秀を援けんものと大和から出陣した筒井順慶は、途中洞《ほら》ヶ峠に留まって秀吉軍の優勢を観望、反転して明智側を攻撃し、山崎の合戦に殊勲をたてた。秀吉はその卑劣を嫌って恩賞せず、世に「順慶の日和見《ひよりみ》」と言われる。

〈敵・味方対決の場で何れにも付かぬとなれば、やがて勝者の報復を受けるのではないか。未だ乱世のほとぼりが醒めぬ昨今、然様《さよう》な独り善《よ》がりが許されるのか〉

太兵衛は胸中に疑念を残しつつも、当面は玄以の指示に従う他はないと思い定めた。

岐阜に戻ると、城中ではまたも評定が開かれていた。今度は大老上杉景勝の謀叛とのこと、諸大名に会津討伐の命令が出たので、その対応策の協議ということだった。太兵衛も帰宅の翌日評定に加わったが、今回の討伐令は徳川の総帥と言うより、豊臣政権の執政としての大老から出されたものである以上、賛否にかかわらず出陣を拒むわけには行くまい。拒めば自らも反逆者と見做されるのだ。彼はそう考える一方で、

「それにしても、またまた内府の大老いびりか」

と苦笑する他はなかった。

武力によって強引に上級者に取って代わるという暴力的手段に訴えず、調略を用いて周囲の勢力を引き離し、権力を孤立させる家康流の天下取りの手法は、玄以に言われるまでもなく、太兵衛にも分かっていることであった。

ただ、今回の上杉討伐の問題は少しく趣が異なっていた。国許《もと》へ帰った上杉景勝は、家康の上洛要請に応じず、居城の修築なども始めたため、叛意有りとされたのだが、上杉氏は二度の朝鮮出兵に続いて、越後から会津へと国替えになり、領国経営に忙しかったのである。しかしながら、実際は景勝の重臣直江兼続《かねつぐ》が密かに三成と謀って、家康を東西から

挟撃しようとしたことに端《たん》を発する事件であったから、家康が一方的に難癖をつけたわけでもない。ところが、ここから始まる「天下分け目の関ヶ原」には、やはり家康の調略があったと言わねばならない。

上杉討伐については、各奉行を初め政権内の多くの反対を押し切って強行された経緯がある。それには理由があった。家康は自分の留守中、三成らが必ず兵を挙げると予測し、それを誘発すべく敢えて隙をつくったのである。こちらからではなく、相手に仕掛けさせれば、正当防衛という大義名分が成り立つ。そんな考えで合戦の手筈を整えていたのだ。

織田家々中の評定は、太兵衛と同じ意見の筆頭家老木造具政《こづくりともまさ》の主導によって、あまり混乱もなく出陣と決まった。しかし、混乱がなかったのはそこまでだった。この後に、織田家の浮沈に関わる騒動が持ち上がる。その騒動の中心に居たのは、他ならぬ当主の秀信であった。秀信は出陣に当たり、自ら率いる軍勢の装備と陣立てに美々しさを求めた。名家に相応《ふさわ》しい格式を求めた。そのため準備に手間取り、出発が遅れる。この様子に、またも石田方の使者が現われ、秀信の動きを牽制する。動揺した秀信は評定を開き、改めて一同の意見を求めたのだ。

すでに先発の諸将は東海道を下だっており、家康の本隊も六月十八日に伏見を発して江戸に向かっていた。

〈今更後を追っても、却って異心ありと見做されるのではないか。それならこの際、やはり三成の呼び掛けに応じた方が得策ではなかろうか。自分が大坂方に付けば、濃尾の各地で呼応する者も少なくない筈だ〉

家臣らの評定がまとまらぬことを見越しての、秀信の本音であった。

岐阜（稲葉山）城居館の広間には漸く夕闇が漂い、小姓が二人、座敷に灯を入れに来る頃には、一座の者は皆疲れ切った表情で沈黙し勝ちであった。昼過ぎから始まった評定の席に、初めは主君秀信の姿があったが、話が紛糾し出すと席を立ち、

「決着つかば呼びに参れ」

と言い置いて奥に入った。

この後別間で夕餉を済ませた一同が広間に戻ると、評議に加わっていた太兵衛に秀信からの呼び出しが伝えられた。

奥で太兵衛から評議の模様を聴き取った秀信は言った。

「相分かった。これから余もまた評定に戻る。皆の者に然様《さよう》伝えよ」

秀信の声音《こわね》には決然たる響きがあった。太兵衛は身が引き締まるのを覚えた。

広間上段に着座した秀信は、傍らの小姓から一振《ひとふ》りの刀剣を受け取り、

「皆も存じ居ろうが、これは父祖以来織田家に伝わる名刀である。信長公は織田家の弥栄《いやさか》を願って、これを父信忠に託された。これを受け継ぐ者は、妄りに他家の下風《かふう》に立つべきに非らず、との戒めもあると聞く。余が幼少の頃叔父君《ぎみ》信孝公は、織田の家名を守らんと奮戦し、故太閤に敗れて無念の御自裁。それに対して、同じく叔父君信雄《かつ》公は、常に他家の庇護を求めて奔走し、結局は豊臣・徳川の両氏に翻弄され、生き恥をさらす仕儀となった。

余はこの叔父の轍《てつ》は踏まぬ。むしろ信孝公の御遺志をこそ生かしたく思う。幸い石田方より、濃尾二州の領有を認めるとの申し出《い》であり、織田家再興の復《また》と無き好機と存ずる故、此度《こたび》は内府殿の呼び掛けには乗らず、行くべき途は自ら選ぶことと致したい」

「恐れながら上様に申し上げます。行くべき途と仰せられまするは、石田方に加担するとの御意《ぎょい》にござりまするか」

主君の言葉が途切れるのを待ち兼ねたように、家老の木造具政が声を挙げた。

「然様《さよう》に心得よ」

秀信は事も無げに言った。具政の意見はもとより承知の上である。

「信孝様御無念を晴らさんとの仰せ、われらも同じ思いにて、折《おり》あらば身命賭して戦う覚悟にござります。ただし、申すまでも無きこと乍ら、その際必ず考え置くべきことは、戦う相手の大きさにござります。形の上では、未だ豊臣家の天下にはござりますれど、実の所は内府様の勢い強く、諸大名は皆々向後の成り行きを測り兼ね、首鼠両端《しゅそりょうたん》を持《じ》するやに見受けられます。当家は豊臣恩顧の大名に非ず、危うきを冒して大坂方に肩入れすべき大義はござりませぬ」

「誰が豊臣に肩入れすると申したか。大坂方に付くと言うは、石田殿の呼び掛けに応ずるというまでのことじゃ。余が望むは唯一つ、織田の天下を取り戻すことじゃ。天下とまでは行かずとも、先祖伝来の地、濃尾を押えることじゃ。そのためには、此度《こたび》復《また》と無き好機を逃さず、一戦に及ばんとの覚悟である。思うに、仮りにもし、このまま内府殿の意に従って動かば、向後当家は何事にも徳川家の下風に立たねばならず、恐らくは信雄公《かつ》の轍をも踏むことになろう」

「恐れながら、それがしからも申し上げます」

この時、評定の席ではふだん寡黙な百々《どど》綱家が口を開いた。

「上杉征伐に出遅れしこと、陳弁これ努めて、内府様のお咎めを躱《かわ》すは難事に非ず。然れど、大坂方の未だ兵を挙げざるに、当家が先駆けて旗色《きしょく》を鮮明にするは得策ならず。暫くは去就を曖昧にして時を稼ぎ、四囲の動きを見定めるというは如何《いかが》にござりましょうや。その間、双方より多少の不信を招くは致し方なし、すべてはお家大事の一念にござりますれば、このあたりの御判断が肝要かと存じまする」

意見はさまざまであっても、家臣らが一様に胸中に秘めていたのは、秀信の未熟さへの懸念であった。経験の足りなさにエリート意識が絡み、現実離れの独断に陥る危うさを家老たちは恐れていたのである。迅速を宗《むね》とすべき出陣に、織田家本流に相応しい威儀を整えることに拘《こだわ》った結果が、上杉討伐に後《おく》れるという失態になったのは、その序の口に過ぎない。

「左近、その方の存念を申してみよ」

秀信は助けを求めるかのように、主戦派と目される入江左近に声を掛けた。

「それがしも百々殿と同じく、時を稼ぐが上策と存じます。ただ、そのために双方の不信を招くは必定《ひつじょう》にござります故、後日の憂いを慮《おもんばか》りて内々に石田方と交渉し、連絡役の名目にて軍目付《いくさめつけ》を当家に招き置くも一法《いっぽう》かと存じまする」

こうした場合は、中心人物の身内から人質を出すのが通例だが、それでは織田家の去就が分かるので、左近はこういう折衷的な提案をしたのである。しかし、家老らの意見に同調する如く見えて、実質は石田方への加担を示唆する左近の考えも、秀信の意に沿うものではなかった。

この日、秀信は自らの決断を重臣らに告げ、

「最早この上の評定は無用」

と申し渡す心算《つもり》でいた。しかし家老らは、主君の決意は知りながらも、決定的な事態に至ることは少しでも先延ばししようとする点で、ほぼ共通の考えを示した。すでに決めたことに変更はないが、それならこの場は一応家老らの提言を容れ、表立った動きは控えて暫く様子を見ることにしよう、と思い直したのは秀信にしては上出来だった。

一同、秀信の次の言葉を待つかのように沈黙の時が流れるなかで、木造具政の嗄《しわが》れた声が聞こえた。

「重ねて申し上げます。上様御決断の前にもう一声、京の前田玄以殿からも御意見、御聴取遊ばされましては如何にござりましょうか」

この声には秀信も逆らえなかった。岐阜織田家では、これまでも事有る毎に玄以の考え

を聞くのが例になっていたからである。

「上様のお許し有れば、それがし明朝にも京に赴き、御意見伺って参ります」

翌朝木造・百々の両家老が京へ発った。

ところが、その夜秀信は密かに柏原但馬を寝所に呼び、

「玄以の意見は、改めて聞くまでも無く分明なり。その方差配して、木造らの帰るを待たず、石田方へ同心協力の趣を伝え、速やかに事を進めよ」と命じた。

但馬は畏まって城下の邸に戻り、待機していた石田方の使者、河瀬左馬介《さまのすけ》に秀信の意を伝え、夜のうちに佐和山へ出立させた。

石田の家臣が柏原の邸に滞在していたのは、二人が旧知の間柄だったからだが、三成はその関係を利用して左馬介を織田家の西軍加担を勧める使者とし、また但馬には、西軍勝利の暁には大名に取り立てるとの御墨付きと共に金銀を与え、秀信を説得するよう促したのである。

左馬介の報告を受けた三成は、揺れ動く秀信の対応を見て非常手段をとることとし、左馬介に警固の手勢を付けて岐阜に引き返させた。秀信を岐阜城から連れ出すためであった。

柏原但馬らが扈従《こじゅう》して佐和山城に入った織田の当主を、三成は手厚く供応した。

留守中の事態の急変を露《つゆ》知らず、京の所司代屋敷から帰途についた家老二人は、近江鳥居本に差し掛かった時、待ちかまえていた三成の家臣に捉えられ、佐和山城内の広間に連れ込まれた。そこには三成と歓談する秀信の姿があった。

「御主君は豊臣側に立って徳川方と戦う覚悟を固められた。御両所は織田家の重鎮、身命賭して御主君をお護りなされ」

三成の言葉に、具政は秀信が、この小賢《こざか》しい男にすっかり籠絡《ろうらく》されてしまったことを見て取り、

〈ここは自分たちも秀信に同心したと思わせて、とにかく御主君を岐阜に連れ帰ることだ。その上で、玄以の言葉を伝えて翻意を促さねば……〉

と思い定めるのだった。

ところで、この変事の前後わが太兵衛、一体何をしていたのであろうか。

家老らが京へ発《た》ったのは六月も終ろうとする日の朝だったが、同じ日の巳《み》の刻、太兵衛は秀信にお目通りを願った。この時刻は数年前まで太兵衛が秀信への講書を始めた時刻であった。早朝に起床、内側を白装束に改めての登城は、太兵衛の覚悟を示していた。

「やはりその話か。その話は最早決着がついておる。そちも存じ居ろうが……」

太兵衛が話し出すと直ぐ、それを遮るように秀信が言った。やや怒気を含む言い方に、もとより太兵衛は怯《ひる》まぬ。

「まァ、そう仰せにならずに、お聴きくださりませ」

並《なみ》の家臣なら恐れ入るところでも、めげずに押し通すことができるのは、かつての守役《もりやく》の特権であった。

「本来は玄以様、直々《じきじき》参上すべきところ、それがし名代《みょうだい》にてお目通り願いましたるは、お役目柄目下身動きならぬお立場にあるとは申せ、玄以様御本心はあくまで織田家の安泰にあり、豊臣・徳川の何れにも、肩入れなさる気は毛頭無き故にござります。本能寺以後、織田家の天下を守らんとした信雄《のぶかつ》・信孝の両公が、豊臣と徳川の双方に如何に翻弄されたるかは、上様先刻御承知の如くにござります。玄以様の御探索に依りますれば、今般石田方に見ゆる大名の多くは、内心は形勢観望の構えにて、真に戦う決意ある者少なしとの由《よし》にござります。それに引き換え、徳川方は内府様の下《もと》に徳川譜代を中核に、治部少憎しの豊臣側武将が結束しておりますれば、いざ合戦とならば、石田方に勝ち目無きこと先ずは明白と存じます」

「ならば、どうせいと申すのか」

秀信の苛立たしげな声音《こわね》にも、太兵衛は動じぬ。

「然《さ》れば、玄以様戒められしは、凡《およ》そ我が事ならぬ他家の争い、斯かる争いに関わるは愚かなり。関われば我が身危うし。然《さ》れど、関わらぬは孤立の始まり、孤立もまた危うし。これを避くる方途は一つ、常々諸方に誼《よし》みを通じ、善隣の構えを示す他なし、とのことにございます。然《さ》りながら、石田方に付かぬと言うは、徳川方にも与《くみ》さぬことになり、双方の不信を招く恐れある故、ここは多少の逆風を恐れず当方に敵意無きこと、むしろ双方の和議すら願う志有ることを、何れの側にも知らしめる覚悟固めるが肝要かと存じます」

太兵衛は語りながら、自らの言葉の空しさを感じていた。双方緊迫した対立状況に於いて、そのような曖昧な態度を認めるゆとりがあろうか。所詮は敵対勢力と見做されて踏みにじられるか、口実を設けて侵入されるか、何れかの道を辿ることになるのではないか。

そんな思いが脳裏を過《よ》ぎった。

「玄以は他には何と申したか」

秀信は言葉を切った太兵衛に先《さき》を促したが、

「いえ、それまでにございます」

としか言えなかった。

佐和山から帰った秀信主従に話を戻す。具政らは城中の広間に家中の主だった者を集め、玄以の意見を伝える。非常手段である。と言うのは、岐阜への帰途、秀信にはすでに玄以の言葉をそのまま報告したのだが、それは当然秀信の採り上げるところとはならなかった。

帰城の翌日、城内広間に集められた重臣らを前にして、秀信はきっぱりと宣言した。

「向後当家は大坂方として、内府殿を迎え撃つ。この戦《いくさ》、当家が西軍の先陣となる故、各々抜かり無く陣立てを整えよ」

一座の間にざわめきが起こった。彼らには木造らが聞いた玄以の意見が、すでに伝わっていたからである。秀信が奥へ入ると、ざわめきの中から、家老らに問い掛ける声が揚がった。石田方への加担に対する異論である。中でも飯沼十郎左衛門なる者、「『治部殿近日当城に来たる』と聞く。その際それがし挺身して彼を斬らん」と叫ぶを、具政制して言った。

「控えよ十郎左、すでに上様の御裁断下だる。家臣たる者、異見ありとも従わざるべからず。この上は一念以て戦うのみ」

迷走を続けた織田家の方向はこれで決した。

「織田家はかつて徳川氏と同盟を結び、長らく苦楽を共にした。天下周知の事実に背きて、今日徳川氏に敵対するは織田家存亡の危機を招く。即刻石田方と手を切り、内府側に属すべし」

具政らが報告した玄以の意見である。

佐和山に赴く日の朝、秀信は太兵衛に登城差し止めを命じたので、戸田帯刀の従者が知らせるまで、太兵衛はこの報告の内容を知らなかった。それは彼が玄以から直接聞いた話と全く異なるものであった。太兵衛は混乱した。

㈥　太兵衛主家を去る

七月も半ばを過ぎた頃、前夜来の寝苦しい一夜を過ごし、やっと起き出した下婢《かひ》がかまどの火を付け、仲間《ちゅうげん》の八助《やすけ》が玄関前の清掃を始めたところであった。岐阜城外の太兵衛の邸は、時ならぬ早朝の来訪者に驚かされた。

門外に居た三人の武士は、城からの使者であるということだった。太兵衛が急ぎ衣服を整えて玄関に出ると、三人は式台の前に立ったまま、中央の一人が進み出て懐《ふところ》から一通の書面を取り出した。

「上意、橋本太兵衛、当分の間登城に及ばず、蟄居《ちっきょ》謹慎を申し付ける。……」

読み上げられた文面の意外な内容に、太兵衛は一瞬呆気《あっけ》に取られ、以下の文言《もんごん》が耳に入らなかった。

〈何故《なにゆえ》ぞ〉

上意とあれば秀信自身の意思表示ではあろうが、事はあまりにも唐突で、一体何を咎められたのか見当がつかなかった。

三人が去ると、別に門外に居た二人の武士が残り、そのまま警備についた。門は再び閉ざされ、脇門のみ出入りが許された。

この日、太兵衛は終日書院で書見をして過ごしたが、その間に彼の胸中には一抹《いちまつ》の疑念が生じていた。実を言えば、この疑念はすでに三人の使者を迎えた時から彼の脳裏をかすめ、次第に意識にのぼって来たものである。

夕刻、門前の武士の許可を得て使いに出した八助が、出先で聞いた話や徒《ただ》ならぬ城下の様子を報告するのを聞き、

「やはり、そうであったか」

と太兵衛は合点《がてん》が行くのであった。

〈愈《いよいよ》々東・西両軍の合戦が近づいたのであろう。しかも、自分がこうして動きを封じられたところから見ると、秀信様はやはり石田方に加わる決意を固められたに相違ない。難儀なことじゃ〉

慶長五年六月十六日、大坂を発って上杉討伐に向かった家康は、以後九月十五日の関ヶ原合戦までの三か月、主に江戸に滞留して時を稼ぎ、三成が動き出すのを見守った。家康は三成が仕掛けてくるのを誘発するため、故意に大坂を留守にしたのである。

七月十八日の伏見城攻撃によって、東・西両軍の戦闘が開始される。城将鳥居元忠は二千足らずの寡兵をもって大軍に抗し、八月一日まで城を支えた。悲報に接した家康は小山《おやま》（栃木県）で軍議を開き、上杉攻めを中止して反転西上することに決した。全軍を二分し、豊臣恩顧の諸将を先陣として東海道へ、嫡子秀忠を中心に徳川譜代を第二軍として東山道《とうさん》へ、それぞれ向かわせて自らは江戸に留《とど》まった。

家老の戸田帯刀が供一人を連れ、夜陰《やいん》に紛れるかのように太兵衛を訪ねたのは、八月に入って間もない頃であった。

「御主君の御意向を受けて参上仕《つかまつ》った。突然のことではあるが、太兵衛殿には、明朝なるべく早い時刻に岐阜を離れ、京の所司代屋敷を訪ねて前田玄以殿に書状を届けて参れ、との仰せでござる」

と言って帯刀は袱紗に包んだ書状を太兵衛の前に置いた。

「上様直々《じきじき》の書状にござれば、くれぐれも疎略にならぬよう扱われたい」

「畏まりました」

そう答えたものの、〈これはまた如何なることぞ〉——太兵衛にとっては、またも不可解な主君の処置であった。

しかし、この困惑は間もなく解消する。仮眠に近い眠りを取り、まだ暗い内に出立《しゅったつ》の準備を始めたところに、突然帯刀の娘たえが現われたのだ。警固の武士は昨夜の内に姿を消していた。見れば彼女は旅支度をしており、太兵衛の行動を予知しているかの如くであった。以下は彼女の話の概要であるが、秀信側近の侍女であるたえは、主君が重臣らと交わす話がそれとなく耳に入るのである。それによれば、太兵衛への上意は、石田方に付くことに異議を唱える玄以や太兵衛を、合戦の妨げにならぬように遠ざけるためであった。その方便として、玄以には秀信直筆の書信により、西軍加担の経緯を伝えて了解を得、太兵衛には書信を玄以に届けた後、そのまま京に滞留し、情勢が落ち着くまで待機させること

にしたのである。しかし、此度《こたび》の戦いは所詮負け軍《いくさ》と視る父の帯刀が、

「一旦《いったん》岐阜を出れば、太兵衛が戻ることは二度とあるまい」

と洩らすのを聞き、それでは自分もこの機会に家を出て、何処までも太兵衛に付いて行こうと決心した、と語るたえに、今更「親御の許しを得たのか」とは訊くまでもなかった。それよりも、たえの言う通りであるならば、当初の予定を変えて、退去後のこの家の始末をつけて行かねばならぬ。最早明け方に近く、一刻の猶予もならなかった。早速三人の奉公人を呼び、幾ばくかの金子《きんす》を分け与え、万一異変が起こらば、この邸を出て身の安全を図れと言い含めた。ただし、事態が変わり、京への旅に女が一人加わったので、仲間《ちゅうげん》の八《や》助《すけ》は荷物を持って供をすることになった。

三人が残る二人の見送りを受けて門外に出たのは卯《う》の刻、辺りは漸く明るくなっていた。織田家の家臣となって二十年、住み慣れた邸の門を見上げる太兵衛には、無量の感慨があった。八助が聞いているところでは、三成の居城佐和山がある近江路は、伏見城を落とした西軍主流や西国の諸隊が、続々と東に向かっており、女連れの旅は避けた方が良さそうだった。それに対して伊勢路は比較的閑散、東軍の先鋒は未だ三河にも入らぬ今、南を目指して伊賀路に回るのが得策であると思われた。

斯くして、二日目には早くも伊勢路に入った一行は、これから山路に掛かるのだが、案ずるより生むが易し、然《さ》したる障害も無く二日がかりで伊賀の山中を抜け、木津の町に辿り着いた。ここからは大和街道を北上して、伏見まで一日足らずの行程である。翌朝木津を発《た》ち、宇治川の畔から対岸の丘を眺めると、緑の木々はすでに夕陽に染まっていた。そこはかつて壮麗な伏見の城があった処である。本丸以下の各郭《くるわ》に並び立つ白堊の櫓《やぐら》が、樹林の緑に映発して見る者の目を奪った。それが今や廃墟と化し、焼け焦げた骨組みのみが無残な姿を曝している。

〈あれは玄以様が豊太閤の命を受け、営々辛苦して築いた城だった〉

その城が一朝事あらば忽ち滅びる。それは戦乱ばかりではない。故太閤は多大の費用と人手を掛けて、次々と建設工事を起こしては直ぐそれを破却した。その都度四方を駆け回らなければならなかった玄以様の御辛労は、如何許《いかばか》りであったろうか。それにしても、あの城を守って城兵の殆どが討ち死にしたのは悲惨だ。三万の大軍を前にして、一八〇〇の寡兵が十日余りも城を支えたと言う。徳川方には、斯様な家臣が居るのだ。

そんな思いに耽りつつ豊後橋を渡ると、其処《そこ》かしこに焼け跡が残る伏見の街を、東へ向かう軍勢と何度もすれ違った。更に北へ伏見街道を歩き始めた時、太兵衛はふと先々君信長が口吟《くちずさ》んでいた幸若舞《こうわかまい》の一節（敦盛《あつもり》）を思い出した。若年の頃、末席に連なって信長が舞い謡うのを見たことがあるのだ。

　人間五十年
　下天《げてん》の内をくらぶれば
　夢幻《ゆめまぼろし》のごとくなり
　一度《ひとたび》生を受け滅せぬ者の有るべきか
　死のふは一定《いちじょう》

京の町中は意外に静かだった。上立売の店に入ると、早速奥から両親が出て来た。

「おォ太兵衛、無事であったか。戦《いくさ》が始まってから、岐阜はこれからどうなるのかと案じていたが、とにかく無事でよかった」

了善はたえも一緒に奥の座敷へ通し、八助にも声を掛けて遠路の労をねぎらった。

「玄以殿から話は聞いていたが、秀信様はやはり徳川方と一戦を交える途を選ばれたようじゃな。玄以殿は御落胆一方《ひとかた》ならず、

『これも天命と言うべきか』

とお嘆きであった」

そう切り出した了善に、

「今日あたり合戦が始まっているやも知れませぬ。斯かる始末となりしは、玄以様はもとより、私どもも口惜しゅうてなりませぬ。しかも、とりわけ納得《なっとく》し難きは、いざ合戦という間際《まぎわ》に城下を立ち退《の》かねばならぬことにござります。蟄居謹慎の身とは申せ私も家臣の一人、御家《おいえ》の大事を前にして主家を去るなど以ての外、武士《もののふ》の道に悖《もと》ります。これも君命とあらば致し方なく、斯くは城下を後《あと》にして参りましたものの、何とも割り切れぬ思いにござります」

　玄以から守役を引き継いで、今日まで織田家に仕えたのは、一体何のためだったのか。息子の気持は了善にもよく分かっていた。

「然《さ》もあろう、然《さ》もあろう。わしも同じ思いじゃ」

　了善は相づちを打ちながらも、少し調子を変えて言った。

「然《さ》れど太兵衛、忘れてならぬのはわれらキリシタン、何事もすべてはデウス様の思し召《おぼめ》しと言うことじゃ。そもそも、石田・徳川の何れをも敵とせず、合戦にも加わらぬというは、織田家を護るためのみに非ず。濫《みだ》りに人を殺さずとするキリシタンの戒めでもある。しかも此度《こたび》は、そなたが自ら主家を離れたるに非ざれば、不忠、卑怯の謗《そし》りを受ける謂《いわ》れも無し。むしろ殺戮《りく》の巷《ちまた》に迷うことの無きよう、デウス様の御配慮ありしと思うべし。
——われら常に念じるはキリシタンの教えなり。たとい武士《もののふ》の道に背くとも、神のガラサ（恩寵）あらば、以て瞑すべきではないか」

父に言われるまでもなく、自分は確かにキリシタン。キリシタンの矜持《きょうじ》を持たねばならぬ。長年近侍した秀信を動かすことができなかったのは、結局は己れの信仰足らざるが故に他ならず。太兵衛はそう考える他はなかった。

「明日はわしも同道して玄以殿を訪ねてみよう。玄以殿も今は難かしいお立場にあり、今後の去就を思案しておいでのようじゃ」

了善が話題を変えたのを汐《しお》に、それまでたえと小声で話していたくらが、了善の方に向きを変えた。

「たえさんな、岐阜のお家と縁切らはって、太兵衛に付いて来はったんやて」

了善は思わずたえを見つめた。

「そりゃまた難儀な！　して、お父上とはよう話し合うてこられたのかの」

「それがなァ、お家の人とは何も話さず、置き手紙だけして出て来はったんやて」

何か言おうとした了善を抑えるように、太兵衛が口を挟んだ。

「たえ殿が家を出はったのは、お父上の反対を押し切って、私と暮らす覚悟の故にござります。その善し悪《あ》しはともかく、所詮は此度《こたび》の合戦で、たえ殿の帰える所は恐らく無うなりましょう。私と一緒に暮らす他はござりません」

たえとの縁談は、かつて玄以にも骨折ってもらったこともあり、二人はすでに固い絆で結ばれているようでもあるので、斯くも事態が差し迫った今、了善には最早言うべき言葉がなかった。

翌日の夕刻、親子揃って玄以の役宅を訪ねると、前日に届いたと言う岐阜の帯刀からの書状が待っていた。そこには今回太兵衛に関わる一連の御処置は、すべて御主君の御内意によるとのみ記され、それに対する帯刀の思いが書き添えられていた。――秀信様にしてみれば、命の親とも申すべき玄以殿の意に背くは、真《まこと》に心苦しきことにござれば、せめて太兵衛殿を京に送り、戦乱に巻き込まれざるよう計らうべし、との御配慮に出《い》ずるものかと拝察仕ります――

また別に一通の書信が同封され、娘のたえの出奔を報じた次の文面が綴られていた。

――恐らく太兵衛殿に従って京に向かいしものと推察されまするが、目下城内混乱して私事に関わるゆとりこれ無く、追っ手を差し向けることも叶いませぬ。そこで、恐縮乍らお願いがござります。同人《どうにん》ら桔梗屋了善殿方へ参りましたる時は、御迷惑とは存じますれど、暫く同家に留め置きくださりまするよう、了善殿にお伝え賜わらば幸いにござります。公務多端の折、斯様な雑事にお耳を汚《けが》すは本意に非ず、不心得は重々承知にござりまするが、これも親馬鹿と御憫笑《びんしょう》の上、何卒お力添えの程をお願い申し上げます

——

文面からは、何れたえを連れ戻しに来るかの如く読み取れるが、帯刀は心中密かに負け軍《いくさ》を覚悟しており、一度は玄以の申し出《い》でを拒んだものの、結局は娘が桔梗屋に入って京に落ち着くことになるなら、親としてはむしろその方に安堵《あんど》の思いがあったのではなかろうか。

太兵衛が届けた秀信の書状を手にして、一旦奥に入った玄以は、再び二人の前に現われ、徐《おもむろ》に話し始めた。

「秀信様の守役として、太兵衛共ども傅育《ふいく》の任に当たって参ったが、上様は最早わしらの手の届かぬ所に行ってしまわれた。妄りに敵を作らず、誼《よし》みを通じて争わずとするは弱腰なり。他者の侮りを受け、常に下風に立たざるを得ず。祖考信長、危険を顧みず敵と戦って天下人となられた。今この好機に戦わずば、織田の家名を挙げる日は無し、との仰せで

ある。しかしながら、『敵を知り、己れを知らば百戦危うからず』と言うを、よもやお忘れとは思われず、われら傅育の力及ばざりしを悔ゆるのみじゃ」

齢《よわい》六十を過ぎた玄以の表情には、ひと頃の精気が見られず、寄る年波の衰えに加え、政情不安の渦中で、市中仕切りの重責を担う心労の跡が現われていた。織田家継嗣《けいし》の妄動は、その人に最後の一撃を加えたのかも知れず、旧主の遺命を守り切れなかった自責の念が、その人から敢為の心を奪ったのかも知れない。織田家再興は玄以の悲願であった。

「ただし文面の末尾に、『幼き日より、余を守り育てくれしは前田玄以、橋本太兵衛の両名なり。両名の傅育無かりせば、余は今日《こんにち》立つ能わず』との文言あり。以て互いに瞑すべきかの」

玄以は太兵衛の顔を見遣って、力なく笑った。

この頃すでに尾張に入った東軍の先鋒は、清洲に集結して西軍の諸城と対峙していた。この間諸将は軍議を凝らしつつ総大将の到着を待っていたのだが、八月十九日家康の使者村越直吉が来着、諸軍に攻撃開始を促す。家康は豊臣恩顧の武将から成る先鋒諸隊の向背を確かめるため、敢えて江戸を発しなかったのだ。八月十四日から清洲に滞留していた東軍は、早速行動を起こし、犬山城攻略に向かうと共に、木曽川を渡河して岐阜城を目指す。

これに対して織田軍は、岐阜を中心に左右に犬山と竹鼻（羽島市）の両城を配し、木曽川の線で東軍の進撃を阻止する態勢をとった。初め具政は野戦を避け、城内に籠もって敵を迎え撃つことを主張した。歴戦の兵と渡り合うよりは、山城の天険を利して寄せ手を悩ませ、大垣城からの援軍に背後を襲わせるという作戦だった。しかし秀信はこれを用いず、

「一戦も交えず城を守れば、必ず怯懦《きょうだ》の誹《そし》りを受けよう。むしろ木曽川の天険をこそ利して、城外に出でて戦うべし」

斯くして、旗指《さ》し物に囲まれ、美々しく飾り立てた秀信が馬上豊かに出陣する姿を、城下の領民は期待と不安の入り交じった眼差《まなざ》しで見送った。

家康は信長時代に同盟を結んだ織田家の滅亡を望んではいなかった。先に西軍加担に傾きかけた秀信を説得すべく、信長の旧臣加藤成之《しげゆき》を送って来たのも、そうした家康の心情を示すものであった。家康に督促されるまで攻撃を控えていた福島・池田・細川の諸将も、恐らく同じ心情から秀信の出方を見ていたのだと思われる。

しかし、事ここに至っては最早決戦あるのみ、東軍は先鋒が二手に分かれ、上流と下流で木曽川を渡る。上流は岐阜に近く、下流は竹鼻に近い。初めは福島・池田の両者が先陣

を争ったが、結局前者が下流、後者が上流と決した。

織田方の諸隊は、岐阜城の搦手《からめて》（裏門）に通じる河田《こうだ》の渡しで、東軍の主力が木曽川を越えると予想し、この一帯に展開して迎撃の構えを示した。渡河点の正面に鉄砲隊を配して、東軍を河中に追い込む作戦だった。八月二十二日には秀信も出陣した。ところが東軍は、全軍が先ず犬山攻撃に向かうと言い触らしたので、城将石川貞清は岐阜に救援を求めた。これは織田方を油断させるための謀略だったが、結局犬山城は福島正則に降服するのである。二十二日未明、池田輝政・浅野幸長らは織田軍の先制攻撃を受けて木曽川を渡り、両軍の決戦が始まる。関ヶ原の前哨戦とも言うべき岐阜城の攻防戦は、ここを主戦場として勝敗が決するのだが、輝政ら東軍の兵力一万八千に対して、織田軍は二、三千人単位の小部隊が分散して戦う形になった。兵力差はあるとは言え、戦い慣れた東軍は、騎馬武者を中心に激しく織田勢に攻め掛かり、鉄砲の乱射をも物ともせず、逆に多くの首級を挙げて岐阜城に迫った。一方、下流で渡河した福島正則・細川忠興らは、竹鼻城を落として城将杉浦五左衛門を自尽《じじん》させ、二十二日の夜のうちに岐阜城外に進出した。

ここで再び福島・池田の先陣争いが始まる。木曽川の渡河戦は、岐阜城に近い河田の渡しを池田に譲ったが、今度は城の大手門を福島側が攻めるから、池田側は搦手へ回れと言うのである。両者相譲らず、軍目付《いくさめつけ》の井伊直政・本多忠勝が間に入って、漸く正則の言い分が通った。

「池田殿は徳川家の御姻族なれば、ここは福島殿にお譲り召され」

軍目付の一言《ひとこと》が利《き》いたのである。輝政は家康の次女督姫《とくひめ》を娶っている。池田家が取り潰されずに幕末まで続いたのは、徳川家の縁につながる故であったろうが、池田家は本来織田家の重臣だった。東軍に属する豊臣恩顧の諸将の中で、この二人が先陣争いをしたのは、正則は清洲城主、輝政は前岐阜城主であり、この戦《いくさ》は二人にとって単なる城攻めではなく、彼らの出自《しゅつじ》が絡む問題だったからである。それにしても、かつての主家の嫡流に、彼らはどんな思いで攻撃を加えたのだろうか。輝政は信長の葬儀に棺《ひつぎ》を担《かつ》いだ一人であった。三成憎しとは言え、家康の巧みな離間策によって、自らのルーツを破壊する行為に走ることに彼らは忸怩《じくじ》たる思いが無かったであろうか。降服した秀信に対する福島正則の処遇は、その一端をのぞかせる。

池田勢に追いまくられた織田軍は、多くの死傷者を出して総崩れになった。戦場に出たばかりの秀信は、家老らに守られて城内に退避する。ただしこの日の激戦で殿《しんがり》を務めた戸田帯刀は、追い縋る敵将らに囲まれて討死《うちじに》した。

「昨日の負け軍《いくさ》、戦い利あらず、口惜しきこと限りなし。此度《こたび》はこの城を枕として粉骨を尽くすべし。勝敗は人数の多少に依らず、その上石田三成後詰《ごづ》めの約あり、心強く戦わん」

城内で組頭を集め、秀信は各隊の奮戦を促したが、討死多数に加え、新参の家臣に逃亡者が続出し、頗る気勢があがらなかった。瑞竜寺山の砦には柏原但馬・河瀬左馬介らが入っていたので、具政は砦の者もすべて本城に集めて守備の兵力を補い、大垣城からの来援を待つように進言した。しかし、秀信はまたもこれを退け、城中各所に人数を分散した。

すなわち、七曲口《ななまがりぐち》は木造具政、大手門は津田藤三郎、百曲口は織田秀則（秀信弟）を将として百々綱家・入江左近、水の手口は武藤助十郎、瑞竜寺山は柏原但馬・客将河瀬左馬介に、それぞれ守備を命じたのである。秀信は大手の七曲口に在って寄せ手を待つうちに、東軍福島正則・細川忠興・加藤嘉明の諸隊が二十三日未明に猛攻を開始、城方も又善戦するもじりじりと後退する。池田輝政・山内一豊以下の諸隊も七曲口に向かったけれども、先着の正則らに阻まれ、搦手の水の手口に回る。飽くまでも先陣を目指す輝政の執念は、勝手知ったる旧居城の裏門から、守備の武藤助十郎の手勢を撃破し、忽ち本丸天守に駆け登って一番乗りを果たす。百曲口を攻め登った京極高知の軍勢も、織田秀則・入江左近らの抵抗を排して進み、上格子門（大手口）の手前で福島正則勢と合流する。瑞竜寺山へは正則隊と別れた浅野幸長の手勢が向かい、柏原但馬を討ち取る。河瀬左馬介らは尾根伝いに本城に逃れる。敗色濃厚の折、追い討ちをかけるように上格子門近くの硝薬庫が引火爆発、飯沼十郎左衛門らが火傷し落命する。木造・百々の両家老以下、織田方の奮戦は目覚ましかったが、各登り口で城方の防衛線は突破され、二十三日正午には、ついに秀信主従は本丸に追い詰められた。城兵の多くは死傷、逃亡して、この時秀信の周囲に残ったのは僅か三十八名であった。死亡した者の中には、諸書に異同はあるものの、前記以外に織田秀則・入江左近・武藤助十郎・滝川治兵衛・津田藤右衛門らの名が伝えられる一方、客将河瀬左馬介は生き残った。結局石田方の来援は落城の早さに追い付けなかったのだ。

秀信はその場で自刃《じじん》しようとしたが、木造・百々の両家老に押し止《とど》められ、降服を勧められる。

こういう結果になるのは、誰にも予想されたことであった。今更自裁《じさい》して何になる！それよりも、心すべきは、せめて織田家の血筋を絶やさぬことだ。

家老として織田家の遺子を託された二人には、玄以と同じ思いがあったのであろう。

「秀信様、自ら命を絶つはキリシタンの禁ずるところ、生き永らえて、亡き人の菩提《ぼだい》を弔い、織田家祖霊のためにお祈りなされませ」

敵将とは思われぬ福島正則の言葉である。

東軍諸将の間には、降服した秀信の助命については異論もあったが、正則は彼らの前で力説した。

「秀信殿は此度敵となりしも、紛れもなき織田家嫡孫なり。諸公のうち、かつて右府様（信長）の恩沢《おんたく》に浴せしこと無き者あらんや。それがし今は織田方にあらずと言えども、謹んで助命を乞い、歎願すべしと存ずる」

落城を聞き清洲から馳せ付けた家康の名代《みょうだい》（四男）、松平忠吉《ただよし》はこれを認め、勝報と共に江戸に通報した。

秀信は池田輝政の手の者に伴なわれて山を下り、剃髪して清洲城に移される。そこで家康の沙汰を待つのである。

残った家臣らは咎められることなく四散し、それぞれの途を歩《あゆ》む。身分の固定化が進む江戸時代とは異なり、この時期は未だ武士が新たな仕官先を見つけるのは比較的容易だった。木造・百々の家老二人は、秀信への忠誠心と乱戦中の奮闘を目近《まぢか》に見た寄せ手の二将、福島正則と山内一豊によって、その後家臣として召し抱えられる。

身辺のキリシタンに影響を受け、幼少時より受洗を望み、やがてオルガンティーノの手で信徒となった秀信は、城下に教会堂や施療院・孤児院を建てて、その運営を援助したが、それらの事業も失うことになった。しかし、この地のキリシタンには信長・信忠以来の伝統があり、秀信以後も美濃の代官大久保長安や清洲城主松平忠吉らの庇護を受け、教勢が衰えることはなかった。ただし秀信自身に関しては、高野山での短い余生を如何にして送ったのか、その後のことは定かではない。確実なことは、織田家三代にわたる居城の消滅と、これで織田氏の正系も絶えるということである。実際にも岐阜城は関ヶ原以後廃城となり、拠点は付近の加納に移される。

落城に際して、秀信は自害しようとしたが、これも太兵衛らの信徒教育を無効にする所行であった。玄以の委託を受けて、太兵衛が自らも学びつつ幼君の訓育に心血を注いだ努力は、結局秀信の心に滲透しなかったのであろうか。あるいは、如何なるキリシタンの教えも、伝統的に身に付いた武士の作法を崩すことはできないのか。

(七)　桔梗屋寿安

岐阜を落とした東軍は、余勢を駆って二十四日、大垣城攻略に向かう。激しく先陣を争う池田・福島の両者に、漸く江戸を発した家康は、本隊が到着するまでそれ以上は進まず、待機するよう歯止めをかける。斯くして関ヶ原の前哨戦は終わるのだが、敗報は日ならずして京に達する。こちらでも、やはり予想通りの結果であった。

玄以からの知らせを受けて、太兵衛の心は揺れ動いた。――御主君はどうなるのか。如何なる処断が下だされるのか。最早助命歎願の余地は無きか、玄以様の御判断を仰がねばならぬ。それにしても、池田や福島、織田家は主筋のはずなるに、その嫡孫を攻め滅ぼすとは、如何なる存念あってのことか。

翌日役宅を訪ねた太兵衛は、戸田帯刀の死を知る。前線から引き揚げる秀信らの殿《しんがり》を務め、奮戦した結果であるとのことだった。秀信の助命については、「今はまだその時機に非ず」というのが玄以の判断であった。事の成否は決戦が迫る、東・西両軍の勝敗に掛かると言うのである。

玄以には秀信の助命以外に、最早織田家の未来図は描けなかった。それと共に、実のところ、自分の身を処する問題もあった。三成からは頻りに出陣を促して来るし、五奉行の一人として、先には家康弾劾《だんがい》状に連署もしたけれども、自分は本来織田家の旧臣、織田家崩壊の今、豊臣のために身体を張って戦う立場には無い。然《さ》れど、この職に留まる限り、形の上では豊臣を支えることになる。同僚奉行の増田《ました》長盛、長束《なつか》正家らも、ためらいつつも兵を挙げた。自分も彼ら同様、心ならずも戦うことになるのではないか。とすれば、これはやはり、この際職を辞する他なし。

玄以は東・西決戦を前に、現在の心境を語った。太兵衛はやや面やつれした玄以の話を聞き、いま玄以の差し迫った課題は、自らの進退を如何にするかにあり、秀信の安否を問うことではないことを覚った。

そんな玄以に今更問い質すのはためらわれた。しかし玄以が家老らに東軍加担を勧めた真意を、太兵衛は問わずには居られなかった。

「それはな、家老らが上様の決意は堅いと申すので、次善の策を授けたまでよ」

事も無げな言い方に玄以の苦渋の色が見えた。

西軍の敗北を予期していた玄以は、木造らが辞去した後、密かに石田方の動静を江戸に通報している。

岐阜落城後二十日余り、家康本陣の到着を待って愈々《いよいよ》関ヶ原戦の幕が上がる。東山道の秀忠軍は結局開戦に間に合わなかった。大垣城攻撃に始まる合戦の前半は両軍睨み合いに終わるが、翌九月十五日、小早川秀秋隊の動きによって戦況俄かに西軍の不利となり、全軍総崩れの果てに三成らは逃亡する。形の上では大規模な戦《いくさ》だったが、幕切れはあっけなかった。ただし、その後の混乱は尾を引き、近江路から京にかけて、西国方面へ引き揚げる諸隊の間に小競《こぜ》り合いが起こった。その上、どさくさに紛れて沿道の社寺や民家に被害を与える者もあり、諸人甚だ迷惑したので、家康は山科《やましな》日ノ岡に関所を設け、これら軍《ぐん》兵《ぴょう》が濫《みだ》りに京へ入れぬようにした。また洛中では、公家と町衆とが協力して、自主的に市内の治安維持に当たった。

前田玄以は所司代の職務遂行を理由に参戦しなかった。しかし、関ヶ原戦の帰趨《きすう》が定まるのを見て所司代役所を離れ、一旦所領の丹波亀山の城に入った後、河内の在の縁由《ゆかり》ある寺に退隠した。

九月二十七日、家康は名目上の西軍総帥毛利輝元を退去させ、自分が代わって大坂城に入る。逃亡中に捕らえられた石田・小西・安国寺の三者が、洛中引き回しの上、六条河原で斬首されたのは十月一日であった。これら直近の戦後処理が一段落した頃合を見計らい、玄以は盟友の細川忠興に付き添われ、大坂城内で家康に謁した。三成らの処刑半月後のことである。東・西何れの側でもなく、いわば「中立」と言った立場ではあったが、一応西軍側と目される玄以への、家康の処断を仰ぐためだった。これには先ず傍らの忠興が口を切り、玄以の置かれた状況と基本的立場について陳弁に努めた。家康弾劾状に連署したのは、五奉行の任にある者の役目柄の行為。人臣としては本来織田家の遺臣なる故、石田殿に組して戦う立場にはなき者と信じ、此度《こたび》の戦《いくさ》には加わらざりしこと等、忠興の弁疏《べんそ》は父藤孝（幽斎）と同じく、玄以の心事をよく知る者の言葉であった。やがて、それまで平伏していた玄以は顔を上げ、徐《おもむろ》に口を開いた。

「ただ今、それがしの行状につき細川殿より申し上げしこと、確《しか》と相違ございませぬ。この上は如何なる御処分なりとも、謹んでお受けする所存にござる。然《さ》りながら、内府様に唯一つ、お願い致したき儀がございます。それは他ならぬ我が主《あるじ》、織田秀信様御処置の伺いにございます。此度の合戦に織田家は多くの家臣を失い、秀信様は剃髪して目下清洲にて御沙汰をお待ち申しております。それがし本能寺の変に際して、先君信忠様より『三法師を守れ』との命を受け、以後ひたすら幼君の御成育に心を砕いて参りましたが、此度の悲運にその甲斐も無く、己《おのれ》の力足らざるを恥ずるのみ。然《さ》れど、信長・信忠両公の御無念を想えば、我ら旧臣、何としても秀信様には御命永らえ、織田の家名絶やさざるよう、願うばかりにございます。織田家は戦国争乱の世に徳川家とは長く誼《よし》みを結び、苦楽を共にして参りました。その後裔《こうえい》と思し召されて、何卒御寛大なる御処置を賜わりまするよう、玄以伏してお願い申し上げます」

家康は特段の表情を示さず、終始ただ聞き置くという態度であった。

「玄以の申し分は相分かった。追って沙汰する」

と言っただけだった。

秀信の助命に関しては、福島、池田ら攻撃した側の武将からも歎願書が出ており、結局お定まりの高野山送りと決まった。また玄以の方もお咎めなし。所司代は交代となるも、本領安堵《あんど》、本人は改めて河内の在に隠退することになった。

太兵衛と共に岐阜を出て、京の桔梗屋に身を寄せていたたえが、戦後の混乱もかなり収まったこととて、一度城下に立ち戻り、父帯刀の最期の模様や家族の様子など見届けて来たいと言い出した。しかし、太兵衛のみならず、了善も口を揃えて反対し、

「いやいや、それは未だ危うい。城には徳川方の新たな領主が入って居《お》ろうし、城下の町は新旧の家臣が入りまじって混乱して居よう。若き女性《にょしょう》の行くべき所ではない」

この時、たまたま同様の申し出が仲間《ちゅうげん》の八助《やすけ》からもあったので、

「それなら此度は身軽な八助一人が出向いて様子を探り、その結果を見て、他日太兵衛同道の上親元を捜すがよかろう」

と説得し、本人も一応納得する。

八助自身も自分の在所を訪ねた後京に戻り、以後は桔梗屋で働くことに決まった。たえは岐阜行きを見送る一方で、太兵衛と共に堺の小嶋屋を訪ねることになった。京へ来て間もなく、すでに身内だけで仮祝言は済ませていたが、堺の本店には未だ挨拶していなかったからである。

小嶋屋では現在くらの弟が当主となり、先代の「道与」をそのまま名乗っている。船問屋としては、ここの処太閤在世中の忙しさは消え、人の出入りも閑散である。その原因は、一つには小西行長の処刑に伴ない、堺の納屋衆日比屋が一家没落したことにあった。

この日比屋と小西家は共に熱心なキリシタン、堺湊近くの櫛屋町（古くは港に面していた）にある日比屋の宏壮な屋敷は、宣教師らの活動や移動の足場になっていたことにはすでに触れた。堺が当時としては珍しい、独立した自由都市であったことは知られているが、その旺んな経済活動と生産力は、戦国大名、特に信長・秀吉により、兵站《へいたん》基地として軍事的にも利用された。南蛮貿易で巨富を築いた堺港随一の船問屋、日比屋は斯くて豊臣政権と密接に結び付いたのである。堺の薬種商の出と言われる小西立佐《りゅうさ》は商才に優れ、経営手腕を買われて秀吉側近の経済官僚となる。後に立身して堺奉行を務めるが、その長子如清《じょせい》も経済官僚として父の跡を継ぎ、次子の行長は武将となって秀吉に仕えた。北政所の侍女（祐筆《ゆうひつ》）であった立佐の妻（教名マグダレナ）を含めて、一家四人がキリシタンだった小西家が、日比屋と姻戚になるのは自然の成り行きであった。日比屋の当主了珪《りょうけい》の子女四人のうち、次女（教名アガタ）が如清に嫁ぎ、孫の一人（教名レオン）は行長の娘を娶っている。ミヤコ地方では最も古いキリシタンである了珪と立佐は、施療院を設ける等、社会救済事業でも一家を挙げて協力した。

家康から見れば、豊臣政権に深入りし過ぎた両家は、最早存続させるべきではなかった。

「日比屋はんな、もう誰も居やはらしまへんで。広い屋敷に二人ほど、留守居のお人やろか、残って居やはるだけや」

日比屋に挨拶に行くと言う太兵衛に、道与はそう言った。捕えられた行長が斬首と決まった頃、日比屋は俄かに奉公人に暇を出し、家財を整理した上、持ち船を仕立てて何処《いづこ》ともなく立ち去ったとのこと。その際、当主の家族や一部の親族と共に、小西如清の一家も加わっていたと言う。小嶋屋とは先代了珪の時代から茶の湯仲間でもあったのだが、今回は何の連絡も無かったのは、いろいろ配慮があってのことであろうと道与は言った。

キリシタンではないが、堺の豪商天王寺屋津田家もまた関ヶ原役を境に衰運を辿った。茶匠として名高い津田宗及《そうぎゅう》の時代、この家も豊臣政権に深入りし過ぎたのである。宗及と並ぶ茶人の今井宗久《そうきゅう》は、これに対して秀吉との関係はあまり深まらず、その子宗薫《そうくん》はむしろ家康に近づいて茶頭《さどう》となり、豊臣家滅亡後も納屋今井家の名を残した。

太兵衛とたえの二人は、京への帰途玄以が隠棲している河内天野《あまの》に立ち寄り、仮祝言ながら二人が夫婦《めおと》となったことを報告した。また主家を失った以上、最早武士の身分に拘《こだわ》らず、今後は家業を継いで商人《あきうど》として働くつもりであるとの考えも伝えた。

玄以の居室だと言う方丈の離れに請じ入れられた夫婦は、心労の故か、僅かの間に一段と老け込んだ玄以の姿を見た。

「それは祝着《しゅうちゃく》。わしの媒《なかだち》は実らなんだが、思わぬ事態があんじょう二人を結び付けてくれた。まさに塞翁《さいおう》が馬と申すべきじゃな」

玄以は二人の顔を見較べて笑った。

「これからは太兵衛も、たえ殿の内助によって存分に働くことができよう。わしは初め、太兵衛の学才は武家に於いて生かすべしと思うた。才ある者は、それに相応《ふさわ》しき処を得ることが肝心と思うた。然《さ》りながら、宮仕えは気苦労多く、己《おの》れの才覚にてなし得ること少なし。今にして思えば、わしの思慮足らざりしを恥ずるのみじゃ。今日斯かる事態に際会し、方向を転じて商賈《しょうこ》の道を志すは、むしろ禍《わざわい》を転じて福となすの類《たぐい》と言うべく、了善殿も御安堵なされしことであろう」

玄以の言葉に太兵衛は頭を下げ、

「御懇篤なる仰せにて痛み入ります。父はそれがしに商いよりも学問の才を認め、家業を委せ得るや否やに躊躇《ためらい》あるやに見受けられます。然れど、それがし心を決めております。これからは商人《あきびと》に成り切り、とりわけ南蛮との取引に力を尽くす所存にござります」

「その意気込みを忘れぬことじゃ。了善殿に躊躇《ためらい》などありはせぬ。そちが家業を継ぐことを誰よりも喜んでおいでじゃ。——ただ京には同業多く、商いに慣れぬ者がこれに伍するは容易ならず、了善殿の御懸念もそのあたりにあると思わねばならぬ」

玄以は太兵衛の思い込みを正すと同時に、今後の奮闘を促した。どうやら玄以は了善からもすでに話を聞いているようだ。

「今や天下を動かす者は徳川殿のみ。諸人挙《こぞ》って徳川家に誼《よし》みを通じることであろう。京には徳川家に縁《ゆかり》ある茶屋や後藤、また角倉《すみのくら》の如き大商人《おおあきうど》あり、向後益々商いを拡げ、南蛮との取引も盛大に進めることになろう。角倉の先代とはわしも在任中懇意であったが、今の当主も了以《りょうい》なる者、なかなか気骨ある人物じゃ。斯かる相手を追うとなれば、先行《さきゆ》きは真《まこと》に険しい」

玄以は更に秀吉時代、南蛮との交易船に下付された朱印状に触れ、家康もこの制度を踏襲するであろうが、限られた商家にのみ許されるこの特権とは、差しあたり戦う覚悟が必要だと言った。今は立場が逆になったが、かつて玄以は豊臣家の重臣として、しばしば朱印状の下付に関わることがあったのである。

太兵衛は織田家仕官に始まった武家時代に、玄以から受けた援助と恩情に篤く謝意を表すると共に、これから後も商人《あきうど》として尚も示教を得たき思いを伝えた。しかし、その望みは叶わなかった。一年半後の慶長七年五月、玄以は失意の内に没した。年六十四。

京に戻ると、待ち兼ねたように了善が切り出した。

「おかぁはんとも話し合うたんじゃがの。そなたもうお武家やないのやさかい、これからは通り名を商人《あきうど》らしゅうした方がええ言うてな、（畳んだ紙を広げる）こんなんはどうじゃ」

そこには楷書《かいしょ》で「桔梗屋寿安」とあった。

「寿安はそなたの洗礼名ジュアンに通じる。漢字としても末永く栄える、目出度き名じゃ。これを機に心機一転、商売に励むと共に、向後は世俗の主君では無うて、天上のデウスに仕える身として己れを律して行かねばならぬ。どうやな」

太兵衛にはもとより否やは無かった。

「それから信心のことじゃが、そなたは未だ京の仲間にはあまり知られておらぬ。何れ折を見て顔合わせをせにゃならぬ。前にわしらが通うた南蛮寺は疾《と》うに無うなってしもうたが、それに代わる天主堂が遠からず上京にでける。そん時皆に引き会わせるとしよう」

太兵衛には下京の商家に嫁いだ妹がおり、名をさなと言う。嫁ぎ先は室町の三代続く呉服屋だが、当主の長七は太兵衛より年下ながら、同業の間では商いにかけては仲々の遣《や》り手であるとの評があった。数日後夫婦を桔梗屋に呼んだ了善は、

「わしももう歳じゃによって、身体がよう動かぬ。不慣れな商いを始める者に、手取り足取り教えることはできぬ。真《まこと》に相済まぬことじゃが、長七どん、これからは太兵衛の力になってくれはらしまへんか。これの身ィが立つよう、あんじょう仕込んどくれやす」

寿安となった太兵衛の今後を、懇ろに娘婿に託したのである。後に長七は太兵衛の力強い協力者となる。武士の商法とも言うべき太兵衛のぎこちない仕事振りを、後ろから巧み

に支えた。

家康は西軍の盟主毛利輝元の所領を削り、上杉景勝の米沢への移封を終えて、関ヶ原の戦後処理が一段落すると、愈〻誰憚《はばか》ることもなく、天下支配の態勢固めに乗り出した。江戸と伏見の間を何度も往復して、各地枢要の地点に徳川譜代の大名を配し、東海・東山両街道の宿次《しゅくつぎ》・伝馬《てんま》の制を設けて江戸・上方の交通の便を図った。この頃家康の政治的関心は豊臣家掃滅にあったから、キリシタンへの対策も専らそれとの関連において考えられ、キリシタンそのものを危険視する傾向は、秀吉時代ほどひどくはなかったようである。むしろ南蛮との交易に宣教師を利用しようとする気配さえ窺われ、イエズス会を初めキリシタン各派の布教活動は、この時期に再び活気を取り戻すのである。以後慶長七年（一六〇二）から十九年（一六一四）まで（江戸・駿府・京都は十七年まで）、政権は信徒の増大を黙認した。しかし、幕府は慶長十九年に禁教令を出して、全国的にキリシタンの弾圧を始める。方広寺の鐘銘問題から、家康が大坂城の豊臣家攻撃（大坂冬の陣）に踏み切るのもこの年であるが、二つの歴史的事件が重なったのは偶然であろうか。

一説に、家康は十九才になった秀頼を二条城に引見し、その健やかな成長に脅威を感じ、豊臣家の抹殺を決意したと言われる。関ヶ原の戦後すでに十年以上経過し、天下の覇権は漸く徳川に帰するかに見えるとは言え、豊臣氏は依然として大坂城に在り、反徳川結集の拠点となっている。これまで家康は隠忍自重、反逆の汚名を着せられることの無きよう、常に心を配って来たけれども、今や齢《よわい》七十を超え余命幾許《いくばく》も無い（信長・秀吉は没年四十九と六十三）。たとえ強行手段に訴えても、この辺りで徳川の支配体制を固めておかなければ、江戸に開いた幕府の未来は定まらぬ（慶長八年、家康は征夷大将軍に任ぜられ、江戸幕府を創始する）。そう考えると、キリシタンの勢力拡大も気に懸かる。初めのうちは彼らの活動を放置して来た家康も、自らの権力基盤が強まるにつれて、秀吉の場合と同じく、キリシタンに先導される外国勢力が、やがては徳川将軍家の権力と言うより、この国の主権を侵害するのではないか、といった危惧《きぐ》を抱《いだ》くにいたるのである。

二代将軍秀忠は凡庸な人物であったと伝えられるが、偉大な父家康の遺訓を守ることには極めて忠実で、それなりに苛烈なところがあった。三代家光と共に、強権を以て諸侯・諸民を統制し、社会各層を引き締めて、いわゆる幕藩体制の基礎を定めた。戦乱に明け暮れる世に生きた家康には、本来文治主義的傾向があり、その意味では、大坂夏の陣以後「元和偃武《げんなえんぶ》」と称される時代の到来は、彼にとって単に自家覇権の確立と言うに留《とど》まらず、政治的な理想の実現であったとも視ることができる。そうでなければ、「徳川三百年」と言う（実際は将軍在位二六五年）長期政権が続くわけはなかったのではなかろうか。ただその平和指向は、秀忠・家光の集権的将軍政治によって支えられなければならなかったことも事実である。豊臣退治に些《いささ》か焦り過ぎた家康は、自らの武断派的側面は極力内《うち》に潜め、専ら子孫らの行動に期待したのであろう。

岐阜の様子を見に行っていた八助が、二か月振りに戻って来て報告した。それに依ると、たえの実家はすでに岐阜市内には無く、屋敷には新領主の家臣が住んでいる。心当たりを尋ね回ってみたところ、戸田家の家族は老母（帯刀の）、たえの母、弟妹の四人が、母の実家のある尾張津島の在に引き移ったことが分かったと言う。八助自身の実家や縁者を回るのに手《て》一杯《いっぱい》で、木曽川下流の在所まで訪ねて行くことはできなかったが、四人とも変わりなく過ごしているらしいということだった。

話を聞いて太兵衛は早速津島行きを思い立つものの、たえは生憎悪阻《あいにくつわり》が酷く、とても同行は無理であった。それに年末に近づき、寒気の迫る季節にもなったこととて、この冬はひたすら亡き帯刀の冥福を祈って喪に服し、来春雪解けを待って行動を起こすことにした。

太兵衛の心積もりでは、春に津島を訪ね、帯刀遺族の暮らし振りを見て、場合によっては四人とも、京に来てもらってもよいと考えていた。しかし実際は翌年三月、八助を伴ない戸田家の仮住いを訪れた太兵衛は、京への移住を断わられる。先祖以来の故地を離れ、キリシタンの家を頼って行くわけには行かぬ、というのが理由であった。ただし娘の無事を確かめ、出産の手伝いをするため、母親のまつだけが同行することになるのである。

話は元に戻して、この年十二月、了善は太兵衛夫婦を連れ、上京油小路の古い民家を訪ねた。粉雪のちらつくうそ寒い夜であった。この宵ここで密かに行なわれるミサに、二人を案内し、集まる信徒に引き合わせるためであった。この家は仲間で資金を出し合って買い入れた町屋で、年が明けたら周囲の様子を見ながら礼拝所に改修する予定であった。下京の教会から来るはずの神父は、まだ会場に到着していなかったが、意外に多くの人びとがすでに集合して、ひっそりと控えていた。

やがて現われた日本人のイルマン（修士）は、

「今宵はパードレが未だ出先から戻られず、手前《てまえ》が代わって参りました」

と言い、礼拝が終わってからこんな話をした。

「太閤様禁教の後も、オルガン様独り残って京の拠点を守らはったお蔭で、今の下京の教会があるとは申せ、布教の上では未だに思い切った動きを控えおりますのは、徳川内府様のキリシタンへのお考えが、確《しか》とは分かり兼ねるが故にござります。その一方、聞くところによりますと、内府様は近頃度々《たび》フランシスコ会士を引見され、ルソンのイスパニヤ大《たい》守《しゅ》との橋渡しを促しておいでになるらしゅうござります。これがどないになりますやら、暫くは様子を見る他ござりませぬ」

了善が皆を代表するかのように訊いた。

「内府様がルソン大守との通好を望むのは、矢張り彼地《かのち》との交易が狙いなのと違いますやろか。フランシスコ会言うと、先年長崎で召天されはったバウティスタ神父らのことが心に浮かびます。今回もあないなことになるのやないか、どないどすやろ」

イルマンは手を振り、

「いやいや、その点は心配御無用にござる。これも伝聞《でんぶん》じゃが、今回はルソン側が内府様の求めに一向に応《こた》えず、フランシスコのパードレ殿は間に立って困惑の態《てい》、伝道布教の話どころではないとの由《よし》にござる」

当時家康が南蛮との交易を望み、一時途絶えていたルソンとの通商復活をもくろんだ一つの理由は、天下を支配するため、大坂城に金銀を蓄えた豊臣家の財力に対抗して、徳川家も海外貿易による富の蓄積を図らねばならなかったからである。

しかしルソンのイスパニヤ総督は、故太閤が土佐に漂着したサン・フェリペ号の積荷を没収した事件を忘れず、その返還が無い限り、日本との通商再開などは考えられないことだった。家康は秀吉と異なり、この交渉には慎重で、仲介役のフランシスカン、ジェロニモ・デ・ジェズス神父を根気よく説得し、ルソン側を威嚇するようなことはなかった。それどころか、家康はジェズスに江戸へ来て聖堂を設けることを許し、関東にフランシスコ会の布教活動が展開される機会を作った。これを家康がキリシタンの伝道を認めたものと解してはならない。前にも触れたが、彼はキリシタンの活動を認めてはいない。彼の真意は飽くまでも南蛮貿易の振興にあり、今は徳川の本拠地となった関東へキリシタンを導入することが、やがて南蛮船の関東来航を実現する呼び水になると期待したに過ぎない。

ジェズス神父と言うのは、もともと殉教二十六聖人中のフランシスコ会士の一人であったが、彼等が捕縛された折偶々《たま》他出していて逮捕を免れたのである。京に暫く潜伏した後、いったんマニラに退去してから再来日する。イエズス会では、これがまたもや太閤の忌諱《きい》に触れるのではないかと危惧《きぐ》するのだが、間もなく秀吉は没し、今度は徳川方に捕えられる。予想に反して神父を好遇する家康の態度に、初めは戸惑いを見せたイエズス会も、次第にそうした権力側の出方に慣れ、キリシタンへの家康の対応を見守るようになるのである。

これが、この夜上京《かみぎょう》の町屋に集まった、信徒らの置かれた状況であった。

「そうなりますと、上京教会建立《こんりゅう》の話も、いま暫くは様子を見る言うことになりますやろなァ」

了善の言葉に、一瞬白けた空気が一座の上に流れた。

上京に伝道の拠点を設けることは、イエズス会長年の課題であった。日本の上層階級に信者獲得の目標を定めたザビエル以来の布教方針は、公家や武家の邸宅の多い上京一帯を、教勢拡大の重点地区と見做したのである。

帰途の路上で太兵衛は、すぐ後ろで小声で話す父とたえの声を聞きながら考えた。最前の粉雪はもう止んで、足もとを照らす提灯の光の中で夜道を白く浮き上がらせている。

〈ここの所、ひと頃の勢いを失っている南蛮との交易は、徳川の天下になれば、また盛んになるのではないか。ただそれがどんな形になるのか。太閤時代の御朱印船を続けるとなれば、やはり角倉《すみのくら》や茶屋の如き、徳川と繋《つな》がりある大所《おおどころ》が有利で、中《ちゅう》以下の商家は太刀打ちできぬ。朱印状の下付を願い出ることさえ難しかろう。ただ桔梗屋は、堺の小嶋屋に船

があるのが強みと言えるが……〉

「あッ」というたえの声に振り向くと、

「大事無《だいじ》い、大事無《だいじ》い」と了善が言った。

雪に足を滑らせたのだ。

〈大した雪でもないのに〉と太兵衛は思った。寒気に早くも粉雪が凍り出したのであろう。

〈——やはり歳《とし》か〉

太兵衛は改めて父の老いを想うと共に、

〈これからは自分が父に代わって、家業を仕切って行かねばならぬ〉

桔梗屋寿安となった責任を、些細なことから自覚するのだった。

〈それにしても、先程ミサの後で、了善が問い掛けたフランシスカンの問題は、今後の推移に目配り怠らず、不測の事態に備えねばなるまい。今のところ内府側の対応が厳しくなくとも、それが直ちにキリシタンを認めたことになるわけではない。太閤時代のバテレン追放令は、未だ取り消されてはいないのだ〉

太兵衛には家康の思慮深さが不気味だった。関ヶ原戦の前後に見られる家康の行動は、敵対者に勝つためには手段を選ばぬ戦国武将流と異なり、世情人心の動きに背かず、むしろそれに乗じるが如きものであった。その一方、宣教師がもたらす貿易の利と、異国の宗教が国の浮沈に関わる危うさを秤にかけ、その重さを較べる姿には、天下万民のためなどではなく、自家の勢力拡大を目指す確固たる意志を見るのである。

堺の小嶋屋の話では、京や堺、また長崎・有馬（島原半島）等では、キリシタンへの風圧はまだそれ程強くはないが、それ以外の所では奉教人の処刑さえ行なわれていると言う。これが事実なら、キリシタンに寛容なのは、南蛮との商取引に関わり深い土地のみということになり、情勢の変化次第では、やがて全国的な禁教の嵐が吹き荒《すさ》ぶ恐れもあるのではないか。

〈その時己《おの》れは、どこまでそれに耐え得るか、いや、如何《いか》にして抗《あらが》わねばならぬか〉

太兵衛の暗い想いは、夜の闇に深まるばかりだった。

後章
<small>あとのしょう</small>

(八) 上京天主堂の建立

関ヶ原の役の翌年、戦後の混乱が未だ尾を引く慶長六年に、家康は早くも朱印状の発行に着手している。これは豊臣政権が創始した朱印船の制度を徳川家も踏襲《とうしゅう》することを意味するが、秀吉時代には限られていた朱印船貿易の参入者が、徳川政権下の慶長年間に商家以外のいろいろな階層にも拡大された点で異なる。信長・秀吉に勝るとも劣らぬ、家康の南蛮貿易への熱意を示すものでもあろうか。

また南蛮貿易には、朱印船以外に、いわば無許可・非公認の貿易船もあったことを忘れてはならない。記録には残っていなくとも、実際にはかなり多くの商船が活動していたと考えられる。そもそも朱印船の制度ができたのは、海賊行為を働いた八幡船《ぱはんせん》とまでは行かずとも、自由に動き回る非合法の貿易船の害を防ぐためであった。朱印船の往来は、その意味で確かに効果はあったものの、官許無くして南洋諸国に向かう日本船の活動を、全面的に止めることはできなかった。

こうした状況は当時の日本人の、旺盛な海外発展の活力を表わすものだが、これに対してもう一つ、刺激剤の役割を果たしたのは、いわゆる南蛮船の動きである。とりわけポルトガル系の南蛮船が、交易と布教の両面から日本に接近したことはよく知られている。あるいは宣教資金を稼ぐための交易と考えれば、少なくともある時期までは、布教目的の来日であったと言うこともできる。日本側は織豊《しょくほう》期から江戸初期にかけて、特にスペイン系南蛮船の侵略的意図を疑いつつも、専ら交易の利を求めて南蛮船を歓迎した。

「ただ、ここで見落とすべきではないのは、日本人の知的好奇心の問題です。宣教師が布教の手段として舶載した西欧の文物は、日本人の西洋文化への興味を触発しました。信長の場合が好い例で、恐らく鉄砲の伝来を契機として、彼は異国の文化に強い関心を示したのでしょう。これは一種のカルチャー・ショックですが、やがて鎖国によって一旦は影を潜める好奇心は、幕末に近づいて再び頭をもたげ、更に文明開化へと繋がるのやと思うのです。これは単なる私見ですが、日本の近代化は明治維新に起こるのではなく、すでに意識の上では南蛮船の時代に始まっています」

私は暗い小路《こうじ》を歩きながら、酒井さんの言葉を反芻《はんすう》した。

〈確かにこの時期、日本人の胸奥《きょうおう》に残った南蛮船の衝撃は、鎖国の後も消えることなく、イベリア二国に代わる紅毛《こうもう》オランダの手引きを頼りに、伏流水《ふくりゅうすい》の如く江戸後期の処々《ところどころ》で噴き出すのである〉

桔梗屋寿安となった太兵衛は、慶長六年の春から、三条室町の長七の店へ毎日のように通い始めた。呉服屋の商法見習いのためである。桔梗屋でも呉服太物《ふともの》は扱っているが、それは飽くまでも取扱い商品の一部で、それ以外にも和装小物《こもの》や小間物《こまもの》の他、刀剣や刃物類も売り物として店頭に置いていた。刀剣・刃物は鉄砲と共に堺の地場《ぢば》産業である。ただ桔梗屋の営業品目には、ある特色があった。商品に海外からの舶載品が少なからず含まれていたのだ。しかし太兵衛は、行く行くは販売品目を整理して、呉服専門の店にしようと考えていた。売り物が雑多で統一が無くては、やがて商品への専門性を疑われ、顧客の信用を失うことになると思ったのである。長七の店へ出るようになったのは、商法見習いだけでなく、そういう目論見《もくろみ》からでもあった。

南蛮渡来の品物が桔梗屋の店にあったのは、堺の小嶋屋を通じて入手経路が確保できたことと、もう一つ、了善の橋本家との縁《ゆかり》を生かして、上京《かみぎょう》の公家や武家に販路を拡げられたことにも由るのだが、この特色は今後も客寄せ対策として維持して行くつもりだった。そのためには、何れ自らも海外に出かけて、現地での取引の様子を見て来なければならないと思っていた。太兵衛は、その場合、自分のポルトガル語を使いこなす能力が役立つかも知れないとも思うのだった。了善も堺の小嶋屋時代に一度高砂《たかさご》（台湾）まで行ったことがあったから、渡航の要領は大体分かっていた。

太兵衛の南蛮貿易参入については、更に別の目的があった。と言うよりは、むしろこの目的を果たすために、南蛮との交易に手を染めたと言うべきかも知れない。一口《ひとくち》に言えば、それは信仰を守るためであった。パードレと信徒が信仰を貫くための、活動資金を作ることであった。イエズス会は、制度の上ではローマ教皇や本国（スペイン・ポルトガル国王）からの送金の他、現地調達という形で、マカオ（天川）・長崎間の貿易による収益が見込まれていた。けれども、それは教団側の必要経費を賄うだけで、信徒の面倒まではとても見切れなかった。それどころか、緊急時に信徒集団の拠金に頼ることも珍しくはなかった。それ故、パードレが個人的に資金稼ぎをすることさえあったので、太兵衛はそんな実情を見て、自分の為すべきことを覚ったのである。

三条室町の店から戻った太兵衛に手代の清吉が近づき、「大旦那《おうだん》さんが『奥へ』言うてはります」と声を掛けた。着替えを済ませてから父親の居室を覗くと、

「今日八文字屋はんと木屋はんが、揃うておいでやしてな」

と了善が話し始めた。

「先だって八文字屋はんが下京《しもぎょう》の教会で聞かはった話をな、うちにも伝えに来てくれはったんや。オルガンティーノ様に代わって新たに着任しはったモレホン神父様から、上京天主堂の建立《こんりゅう》は、そろそろ普請の準備を始める時機やないか、と言われはったそうじゃ。そのための資金は教団にも多少の用意はあるが、信徒側でも結束して協力願えれば此の上無きこと、とも言わはったよし。イエズス会にもようよう教勢拡げる動きが見える昨今、モレホン神父様の呼び掛けに応じ、われらもこの際声掛け合うて、上京教会の拠点作りに合力《ごうりき》する言うのはどないどすやろ、お二人はそないに言うて帰らはった」

「それはよろしゅうございましたな。表立った動きは控えていたイエズス会が、愈々《いよいよ》重い腰を上げるとならば、われらも各々能《あた》う限りの力を添えななりまへんな」

太閤没後も生きている禁教令については、家康の対応が確《しか》とは読み取れぬまま、慎重な態度を崩さなかったイエズス会が、ここで他会派の後を追うように行動を起こすとすれば、それは事実上天下を取った徳川家が、今後反キリシタンの政策を強化することはあるまい、と教団側が判断したことになる。太兵衛はそうした判断が必ずしも正しいとは思わなかったが、

「上京の拠点作りは信徒一同待望の事業じゃ。為すべきことは為すべき時に決断すべし。逡巡《しゅんじゅん》からは何も生ぜぬ」

と言う了善の言葉に励まされる。

結果的に考えれば、この時の上京天主堂建設の判断は正しかった。所詮は処刑・追放の憂《う》き目にあうにせよ、以後大坂（冬・夏）の陣前後に至る十年余り、新天主堂を中心とする、京衆イエズス会の活動は目ざましく、教勢大いに振るうからである。

数日後、礼拝所でのミサの祈《おり》、下京教会からモレホン師を迎えて、会衆一同の意見を聴く。天主堂建立に異を唱える者無く、全員合力《ごうりき》を誓う。

油小路元誓願寺の礼拝所は、年初に普通の町屋を改造して礼拝所にしたものであるが、改造は内部だけの一部手直しに留《とど》まり、外観に変化は無かった。それに対して今回は家屋をすべて取り壊し、新たに教会堂を建てることになるので、人目につかぬように普請《ふしん》を進めることはできない。この辺りはだいうす町、信徒も多いとは言え、一般の住民の眼に、キリシタンの振舞が派手に映るのは得策ならず、

「仍《よっ》て天主堂の作りは簡素、小振《こぶ》りに、堂内の荘厳《しょうごん》も控え目にせなあきまへん」

木屋孫四郎が話の末に付け加えた慎重論には異論が出たが、太兵衛は同感だった。結局

モレホン師が話を引き取り、イエズス会の方で基本設計をすることになった。

姥柳町の旧南蛮寺は路地の奥にあって、周囲を町屋に囲まれていた。敷地が狭いので三階建てにしたところ、近隣の住民から苦情が出た。異人に上から見下ろされ、各戸の私生活が覗かれていると言うのである。その点では上京教会は事情が異なり、敷地にゆとりがある上、表通りにも面していた。三階建てにする必要はなかったのだ。二階建てにして、階下を礼拝堂、階上にパードレらの居室を設ければよかった。礼拝堂は旧南蛮寺に倣って畳敷きにした。腰掛ける習慣のない日本の信徒に配慮したのである。

問題は建設費の工面《くめん》であった。キリシタンに理解を示した信長政権の時代、旧南蛮寺の創建に当たり、建設資金の足りないところは信徒らの労役奉仕と、資材の持ち寄りによって補われた。所司代村井貞勝による政権側の援助もあった。しかし今は情勢が変わり、政権には何の期待もできぬばかりか、信徒の奉仕活動も世間の目を憚《はばか》らなければならなかった。教団資金の不足分は、信徒間の有力者による醵金《きょきん》に頼る他はなかったのだ。ただ、旧南蛮寺の場合は、大坂・堺・奈良から江州路や濃尾にいたる、各地の信徒が建設資金を寄せたのに対して、今回はそれも叶わず、資金協力は専ら上京を中心とする京内外の在住者に求められた。これも已むを得ぬことであった。この国の布教は、日本の国土の中心であるミヤコ地方から始めなければならぬとする、フランシスコ・ザビエル以来の布教方針に基づき、日本宣教の拠点として建立された南蛮寺は、イエズス会の信徒待望の聖堂だった。しかし、それ以後諸方に出来た会堂・学校・施療院等の施設は、何れも地元の信徒の合力によって建てられている。

〈神の家への奉仕とて、遠近問わず信徒が集まるは好ましからず。時節柄普請場《ふしんば》へは、なまじ多勢の出入《ではい》りがあるより、近回《ちかまわ》りの者のみ細ぼそと働く姿を見せるに如《し》かず〉

そう呟《つぶや》く太兵衛は、上京天主堂の建立が、キリシタンの組織的行為の一環と捉えられることを危惧《きぐ》したのである。

それにしても、この聖堂建築費負担の問題は、他方で上京商家の豊かさを示すことにもなった。商家の豊かさは客層の厚さを表わす。当時上京には内裏を初め、近衛・一条・西園寺・徳大寺・飛鳥井・日野・広橋等、公家屋敷に加えて武家の邸宅も多く、これらを顧客とする商家の経営は順調だった。更にこの頃新興の機業地、西陣を背景とする呉服・織物業者も利益を挙げていた。

イエズス会の上京天主堂建設の意欲も、こうした状況と無縁ではなかった。それが、桔梗屋寿安となった太兵衛を、信仰と商法の狭間《はざま》で行き悩ませることになるのである。

慶長七年三月、木屋孫四郎が発起人を代表して、天主堂建立の許可願を所司代に提出し、古家の取り壊しに掛かった。本格的な作事《さくじ》に入るのは四月からで、下京教会からモレホン師が普請の指し図に来ることになっていた。ところが、取り壊しが終わり、これから建て前という段階になって、所司代から「工事差し止め」の通告が届いた。差し止めの理由は、「上京には禁裏あり。異教の寺院建立に不適《てきさず》」ということであった。

〈一旦《いったん》許可しておいて、後で差し止めとは、いかにも腑に落ちぬ話であるが……〉と太兵衛は思った。〈いったい所司代は何を考えているのか〉

前田玄以が離れ、徳川家が仕切るようになってから、京の市政は複数の人物に委ねられ、単独で所司代の職務を担う者はなかった。板倉勝重が正式に京都所司代に任命されるのは慶長八年（一六〇三）、家康が征夷大将軍となり、江戸に幕府を開設した年である。従って、上京天主堂の許可願が出された頃（慶長七年）の所司代には、あまり強い裁量権が無かったのではないかと想像される。この時の工事差し止めも、現地の判断が、内府側の意向によって覆された可能性がある。

また、そもそもすべての儀礼が古式（神式）に則って行なわれる宮廷では、「禁裏にキリシタンは馴染《なじ》まず」とするのは当然で、本来真《ま》っ当《とう》な思考である。

かつてF・ザビエルは、日本の宣教は順序として先ずミヤコで勅許を得た後、次第に下《しも》庶民にまで及ぼすのが効果的であると考え、山口から遥《はる》ばるやって来るのだが、結局何の成果も得られずに京を退去する。それ以降も、宮廷・公家の間にキリシタンの信仰が浸透したという話は、(稀な例外を除いて)あまり聞かない。これは信仰と言うより習俗の問題なのであろうけれども、やはりキリシタンは伝統的に公家社会に合わないのである。

その点、武家の場合は事情が逆で、下《しも》の地方(九州及びその周辺)の有力大名はもとより、中央でも足利将軍家を初め、実力派の武将らに、布教への理解者や奉教人が続出する。恐らく武家社会に、宮廷的伝統へのこだわりが無かったことが一因であると思われる。しかし太兵衛らが、このあたりの脈絡をどこまで理解し得たかは不明である。

かくて上京天主堂の建設は翌年まで持ち越され、信徒はその間不自由を忍ばねばならなかった。徳川家のキリシタン対策に疑念を抱いたままの数か月が、勝重の所司代就任まで続くのである。

板倉勝重はすでに二年前から、複数の京都奉行の一人として、所司代の実務を処理していたのだが、正式に任命されると直ちに工事の再開を許し、信徒らを歓喜させた。下京からモレホン神父も駆け付け、更地になっている土地で早速普請に掛かる。慶長八年の秋に、上京教会天主堂は完成した。

これ以後元和六年に辞任するまで、前後二十年にわたりその職に在った勝重は、公武の調整や京の民生に名所司代の名を残した。とりわけ宗教対策には慎重で、幕府の厳しいキリシタン弾圧に対して、自らは寛容な態度をとった。元は禅僧だったという彼の出自にもよるのであろうが、敢えて幕府の政策を無視する如き対応が罷《まか》り通った一因は、勝重に対する家康の篤い信頼があったからだと思われる。天主堂の問題に限らず、在任中終始一貫、彼はキリシタンに同情的態度を示した。


たえがまた懐妊した。実家の母はもう津島に帰ったので、今度はすべて桔梗屋で面倒を見ることにして、その旨を津島には手紙で知らせた。実は前回の妊娠は流産に終わり、手伝いに来ていた実家の母を悲しませるだけの結果になった。生活環境の変化に加えて、京の底冷えが体に応えたのかも知れない。

「まだ先は長い。次はもっと頑張りなはれ」

了善は妙な励まし方をした。

しかし晩婚の太兵衛には異なる思いがあった。

〈ここの所商法見習いにのめり込んで、たえへの配慮が足りなかった。京の暮らしに慣れぬたえには、もっと気を配って、今度こそ跡取りを生んでもらわねばならぬ〉

それ以来太兵衛は、毎日のように通っていた長七の店へは一日置きとし、普段は桔梗屋に居て顧客回りなどすることにした。

たえの出産は、順調に行けば慶長八年五月とのことである。

㈨　桔梗屋の南海進出

長七の店と桔梗屋、二つの店を掛け持ちして、太兵衛に分かったことの一つは、両者の客層の違いと、それへの応対の仕方であった。御所や公家、武家の多い上京では、商人が御用伺いに参上し、代金は後払い（掛け売り）が普通だが、社寺と庶民の町である下京は、見世商いが原則だった。現金で日銭《ひぜに》が入る下京の商いは、中・小の業者には都合が好かったものの、巨利を博するには、やはり上京でなければならない、と太兵衛は思った。また、店頭で不特定多数の客に接する下京では、世間の動きを把《つか》み易く、それに合わせて売り物に工夫を凝らすことができる。衣装の好みなども、伝統と格式を重んじる上京に対して、下京は変化に敏感だった。間道縞《かんとうじま》や更紗《さらさ》等《など》、南蛮渡《わた》りの染織品を採り入れることにも積極的で、四条室町一帯の町衆は、早速それらを祇園祭の山鉾《やまほこ》に飾った。

上京には呉服所が多い。御所や公家・大名家の呉服御用を、一手に引き受けて調達する呉服所は、利益が大きく売上《うりあげ》に不安がない。桔梗屋は今の所どこの呉服所でもないので、行くゆくは了善の伝手《つて》を頼って、橋本家か西園寺家かの指定を受けたい、というのが太兵衛父子の願いであった。そのためには、やはり呉服商としての実績を積まなければならない。


秋の彼岸を過ぎて、暑さも漸く和らいだ頃、堺の小嶋屋から了善に宛てて手紙が来た。太兵衛も居合わせており、開披すると、それは南蛮交易の船出の知らせと、桔梗屋への便乗の誘いであった。了善はかつて小嶋屋の船で高砂《たかさご》（台湾）まで行ったことがあるが、それより南は知らなかった。小嶋屋の道与は、この際跡取りの太兵衛には、もっと広く南蛮の各地を回り、現地の事情を知ってもらった方がよいのではないか、と言うのであった。小嶋屋では、親許に戻った太兵衛の新たな生活と、今後に賭ける意気込みが分かっていたのである。

船主は堺の木屋弥三右衛門《やそうえもん》、行先《ゆくさき》は柬埔寨《カボチャ（カンボジア）》、乗船地は長崎とあり、船主は小嶋屋とは古い付き合いで、了善も知っている筈と認《したた》められていた。了善は堺に居た時から木屋のことは知っており、だいうす町（丁）の木屋孫四郎がその遠縁に当たることも承知していた。

「木屋はんなら心配無いやろ。この話、思い切って乗ってみるか」

了善は手紙を畳みながら、横目で太兵衛を見た。

「そうやね……」

太兵衛は生返事をしながら考えていた。京に戻って、〈家業に専念しよう〉と決心した時から、

〈何れ南蛮の各地へは自分も出掛けて、取引の現場を見て来なければならぬ〉

と思っていたので、小嶋屋の呼び掛けに応ずる気持ちはあるのだが、やがて産み月を迎えるたえを残して行くことには抵抗があった。前回の失敗に懲りたのは、つい先頃のことだった。

結局この話は三条の長七を巻き込み、太兵衛の代わりに長七が行くことになった。長七も海外渡航は初めてだった。しかし、若いだけに意欲があり、小嶋屋と了善の指導を受けて、早速積み荷の選定等に掛かった。内心はともかく、上辺《うわべ》だけ見れば、渡航の危険など気にする様子も無かった。柬埔寨への航海は順調に行っても往復五か月は掛かり、それ以

上になることも予想されるので、留守中の店の管理は長七の老父を扶けて、養子に出た長七の弟と太兵衛が、交代で当たることにした。

太閤の時代の朱印船の制度は、その後しばらく杜絶していたが、家康はその復活を狙って、早くも関ヶ原戦後の一年目に、最初の朱印状を下付している。朱印船の動きが本格化するのは慶長九年以降になるけれども、海外貿易の振興は徳川家にとって、幕府財政の確保のためにも不可欠の政策であった。家康がキリシタンの活動に危惧《きぐ》を抱《いだ》きながらも、敢えて干渉を控えたのは、南蛮貿易に果たす宣教師の役割の大きさを考慮したからに他ならない。

朱印船以外にも多くの貿易船が、日本と南洋を往復していたことは言うまでもない。これら非公認の貿易船は、江戸初期には次第に減少するものの、関ヶ原の前後はむしろ増加する勢いを示した。政権の交代期に見られる現象かも知れない。堺の木屋船はこうした時期に出航するので、何の保証も無い代わりに、それだけ自由に活動することができる。今回長七に行ってもらうのは、船主の船に便乗して自家の積荷を売り捌く、いわゆる「客《きゃく》商《しょう》」としての航海であり、実質的には交易と言うより、現場《げんば》見習いと称すべきものだ、と太兵衛は思っていた。今度の経験を生かして、次回は自ら船主となり、大海原《おおうなばら》に乗り出したい、とも考えていた。

柬埔寨《カボチャ》行きの木屋船は十一月半ばに出帆予定、との知らせが小嶋屋から入って、桔梗屋の店先は俄かに慌ただしい雰囲気になった。長七は二つの店を往復し、積荷の点検やら長旅の準備、留守中諸事万端の打ち合わせ等に寧日《ねいじつ》が無かった。十月半ばには堺に向かい、小鳩屋の船で積荷と共に長崎表へ出発しなければならぬ。

長七には他に二人の若者が、補助者として両方の店から同行することになった。桔梗屋からは手代の清吉が選ばれた。清吉はキリシタンでは無かったが、了善はその実直な人柄を見込んで小さな銅の十字架を与え、

「これをいつも身に付けて、海が荒れたり、危険が迫ったりした時は、神様にお祈りしなはれ」

と言った。

長七のところはやはり信者ではなく、さなの嫁入に際して、「信仰は持ち込まぬ」との念を押されたくらいであったので、了善も長七たちには何も言わなかった。しかし出発が近づくと、長七はさすがに心が揺らぎ、海難の恐れについて了善に尋ねたりした。さなは兄の代わりに夫が危険な航海に出るという、あからさまには口にできない不満を了善に洩

らしもした。了善に多少の経験があるとは言え、桔梗屋としては初めての冒険を前に、太兵衛の周囲は期待と不安の入り交じった高揚感に包まれていた。

出発の二日前には、長七の店からも家族が出席して、桔梗屋の奥座敷で送別の宴が開かれた。それぞれが口ぐちに、出かける者に励ましの声を掛けるなかで、さなだけが浮かぬ顔で、一人っ子の敬太郎と並んで黙々と箸を動かしていた。

室町から江戸初期にかけて、密貿易に始まる日本人の海外進出は目覚ましく、その勢いは国内に於ける当時の民衆の溌剌とした気分を反映している。しかし東支那海を経て南洋に至る航路は、季節風の関係もあって海難が多く、また海賊や現地民に襲われることもあり、出帆したまま消息を絶つ例が少なくなかった。無事に戻るにしても、風任せの航海であるから所要の日数が不定で、その間の留守宅家族の心労は一方《ひとかた》ではないのである。

出立の日は、堺まで同行する太兵衛と長七の弟を交えて、五人が桔梗屋を出た。一緒に泊まり込んでいたさな母子《おやこ》も、門口で見送った。太兵衛らは小嶋屋まで行って、積荷の手伝いなどして三人を送り出して来るのである。太兵衛は何れ自分も出掛けることとて、万事の手順、手続きをよく見ておかねばと思っていた。

この年、桔梗屋に南海進出の話が舞い込んだ頃、またもイスパニア船が土佐に漂着した。マニラからヌエバ・エスパーニャ（メキシコ）のアカプルコに向かう商船、エスピリト・サント号が土佐沖で嵐に遭い、土佐清水湊に逃げ込んだのである。ところが、港を守っていた警備陣と銃撃戦となり、死傷者も出たので、船は宣教師を含む四十数名を残して港外に脱出した。家康はサン・フェリペ号の場合と異なり、残された四十数名を捕虜とせず、解放して日本の船でマニラへ送り返した。漂着船に対する秀吉の処置が、フィリピン側の日本への不信感を増幅する結果になったことを顧み、家康は温情を示して緊張を和らげようとしたのだった。その際、次の一書を送還の船に託し、マニラの総督に交易の再開を促した。すなわち――

日本に来航する外国船の積荷を奪ったり、売買を妨害したりすることを禁ずる。外国人が日本国内の何処にでも住むことを認める。ただし布教は厳禁する。

家康は以前から、イスパニアの商船が関東に来ることを望んでいた。今回も何処か江戸の近くの港、浦賀辺りへの入港を期待していた。しかし、帆船の航路は風向きと潮流によって支配されるから、ルソンから日本へ来るには、どうしても対馬《つしま》海流に乗って九州北部に着いてしまう。太平洋側に回るためには、ルソン島の北で針路を東に切り換え、黒潮の本流に乗らなければならない。ヌエバ・エスパーニャに向かう船はこのコースを取るので、台風シーズンには、しばしば土佐沖や銚子沖で遭難するのである。斯くして、エスピリト・サント号以後も、スペインの貿易船は依然として平戸や長崎へ行ってしまうのだが、忍耐強い家康は慎重な態度を崩さず、相次いで上陸するフランシスコ会やドミニコ会等、イスパニア系の宣教師を関東へ迎え入れる。布教は厳禁と宣言しながら、彼らの動きを敢えて黙認したのは、通商上に彼らが果たす役割の故に他ならない。

キリシタン伝道の資金繰りについては、すでにイエズス会の天川（マカオ）・長崎間の貿易ルートに触れたが、イスパニア系の貿易船はマニラから、宣教師と共に、と言うより宣教師に主導されてやって来たのである。宣教師を拒否することは、交易を拒むに等しい。こういう遣《や》り方を見ると、スペインは宣教師を先に立てて国を奪うと言うのは、やはり当たっているのではないかと思わざるを得ない。

ところで、この当時、日本が南蛮貿易に求めた輸入品の最たるものは、生糸と絹織物であった。マニラからは、生糸・巻物（絹織物）・羅紗《ラシャ》・紗《しゃ》・珊瑚《さんご》珠《じゅ》・鹿皮・白砂糖・葡萄酒等が輸入品目に挙げられる。生糸または絹織物は、この他、高砂・東京《トンキン》・交趾《コーチ》からも将来されている。イエズス会が資金稼ぎに天川《マカオ》から舶載した良質の生糸が、中国産であったことを考えると、南洋諸国でも比較的中国に近いこれらの地域に、生糸や絹織物を持ち込んだのは、中国商人だったのかも知れない。この時代、日本の生糸需要が高まったのは、室町末以後各地に興った織物業が、大量の糸を消費したからである。西陣を初め、高級織物を指向する機業地では、質の良い中国産の、特に白糸を必要としたから、生糸輸入の利益は大きく、やがて家康が糸割符《いとわっぷ》の制度創設に乗り出す誘因となった。

生糸輸入がもたらす利益は、イエズス会士が教団とは別に行なう資金稼ぎにも、影響を及ぼさずにはいなかった。宣教師《パードレ》個人が生糸輸入に関わるのは、本来教会経費の不足を補うための窮余の策であった。管区長公認の取引きは、管区の財務担当パードレの仕事なのである。聖職者であっても、個人的取引きとなれば、どうしても『儲け仕事』の意識が勝り、蓄財の観念が生じる。極端な場合、商人から資金を預かり、マカオ・長崎間のイエズス会ルートに乗せて輸入業務を行なうという、単なる商業活動に堕することさえある。それでは〈清貧〉の請願に悖《もと》る、として教団の総会長からも度々自粛令が出されるのだが、なかなか実効を挙げることができなかった。

慶長九年五月、家康の命により、本多正純・板倉勝重連名の「糸割符御奉書」が発行され、ポルトガル船舶載の生糸の売買に規制が加えられる。これは必ずしもキリシタンの交易活動を対象とするものではなかったが、結果的に宣教師の生糸輸入を制限することになった。

十一月に入り、北から東の山々に紅葉が目立つ頃、長崎から手紙が来た。長七からである。出港予定は十一月十二日、三人とも達者故御休心の程をとあった。

「そうすると、今頃はもう海の上かも知れへんなァ」

そう言って、了善は遠い目付きになった。手紙の日付は出帆三日前になっていた。

文中にはまた次の一節があった。

——同船の水主《かこ》(=船乗り)衆に元武士と称する者十二、三人之《これ》有り、その中の一人にて半左《はんざ》なる者と知り合い、一夕《いっせき》酒酌み交わし申し候。談偶〻《たまたま》関ヶ原合戦に及びし処半左語りしは、某《それがし》元織田中納言様家中にて、竹ヶ鼻城攻防の戦《いくさ》に敗れ斯くは船乗りとなりし者、何れ南蛮の住み良き所に赴きて再起を図らん覚悟なりとのこと。手前からも兄上様の近況を伝えて様子を窺えば、半左奇遇に驚きて更に様々の物語仕り候。半左年の頃は三十半ば、上背《うわぜい》有りて屈強の体付き、眼光鋭く肌色黒きは潮風の故か、兄上様お見覚え御ざりましょうや——

「半左、半左、半左衛門……おォ花村半左衛門か」

太兵衛は膝を打って了善に言った。

「この者は確か城番にて、御天守番頭《ばんがしら》を勤め居りました家中の侍にござります。殿様天守にお出ましの折は、しばしば居合わせましたる故よう覚えております。旧臣一同何処《いずこ》に散じたるやらと思い居りましたが、図らずもその一人、半左の消息判明し、懐《なつ》かしきこと限り無き思いにござります」

「関ヶ原の後、敗軍の将士は浪々《ろうろう》の身となり、日々の生活《たつき》にも事欠く者多しと聞く。ならば半左の如く、気骨有る者は異国に赴き、新たな天地を拓くもまた可なりじゃ」

「然様《さよう》にござります。思えば、御城下を離れて早くも二年《ふたとせ》余り。お家は断絶、家中の面々皆離散して行方も知れず、戦《いくさ》に亡びし人の名も多くが定かではござりませぬ。手前のみ、その間《かん》こうして安穏《あんのん》に過ごして参りました。御主君秀信様の安否も然《さ》りながら、家中の誰彼を思う度に心痛み、唯〻《ただただ》悔恨の念に駆られるばかりに御ざります」

「またそれを申すか」

了善は眉根を寄せた。

「そなたは為すべきことを為したのじゃ。主家を離れしも君命に従いしのみ、何を今更悔ゆるのじゃ。旧臣離散したとは言え、気概ある者は、それぞれ己れの途を歩むこと半左の如し。他を案ずるは善きことなれど、そなたも先ず自らの行く末に思いを回《めぐ》らすべし。何事もデウス様の思し召しと観じねばならぬ」

武家の世界に長く身を置き、君臣の絆に縛られることに慣れた息子が、ややもすれば、信徒としての自覚を欠くやに見える物言いをすることに、了善は予《かね》て一抹の危うさを覚えていた。

「これからはゼスス・キリシトを主と仰ぎ、パードレや信心仲間を家中《かちゅう》と心得て生きるのじゃ。心乱るる時は祈れ、祈る者にはデウス様のお声が聞こえる」

太兵衛には父親の言うことはすべてよく分かっていた。主君秀信に日頃ほぼ同じ話をして来たのは、他ならぬ太兵衛自身であった。

〈他《ひと》に教ゆるは自ら学ぶことなり〉とは言うものの、自分自ら実感として身に付けることの難しさを、了善との対話によって痛感するのだった。

〈それにしても秀信様、この頃如何《どう》して在《おわ》すやら……　耳に入りしは高野山、善福寺なる山下の寺に押し込められたりとの伝聞のみ、その余《よ》のことは知らず。何れ折あらば高野に赴き、陰《かげ》ながら上様お暮らし振りを窺い知り度く、万一見張りの隙を見て御拝眉が叶わば、

幸いこれに優るもの無し〉

了善には諭《さと》されたものの、幼少の秀信を託され、長く扶育の任にあった者として、太兵衛は旧主の悲運を想わずには居られなかった。花園妙心寺山内の蟠桃院《はんとういん》にある玄以の墓所には、折り目切り目の季節に度々詣でて、生前同様にさまざまの話をするのだが、高野は遠く、近付くことにも憚《はばか》りがあった。秀信の孤独を慰める手立てが無いことに、太兵衛は焦躁《しょうそう》を感じるのだった。

上京天主堂が出来るまで、仮の礼拝所にしている八文字屋の広間で、この日もミサが行なわれていた。司式は下京教会のモレホン神父である。

「神の小羊、世の罪を除きたもう主よ、われらをあわれみたまえ。

（繰り返す）

神の小羊、世の罪を除きたもう主よ、われらに平安を与えたまえ」

会衆一同〈平和の賛歌〉を歌い、祈りを捧げた後、モレホン師が口を開いた。

「諸兄姉《けいし》にお知らせござります。この年は終わり近くなりましたけれども、年明けますと下京教会に新たな力加わります。それはイルマン・ハビアン、日本人イルマン（修道士）

でござります。ナガサキ、アマクサ等、下《シモ》の教区から来やはります」

パードレは流暢とは言えない日本語でこれだけ話し、後《あと》は同行のイルマンが付け加えた。

不干斎《ふかんさい》ハビアン、本人は自らそう称した。ハビアンは教名だが、不干斎は恐らく自身の理想、乃至は心得を表わした号であろうが、本名不詳である。年輩は太兵衛と同世代。永禄八年北陸に生まれ、京の禅寺（臨済宗建仁寺）で修業僧となるが、天正十一年母と共に受洗、母親は北政所《きたのまんどころ》の侍女であった。以後高槻・大坂（セミナリオ）・千々石《ちぢわ》・加津佐《かづさ》（コレジオ）等にて学び、日本語教師となる。夙《つと》に英才の誉れあり、将来を嘱望《しょくぼう》されている。

〈この人となら、まともに話が出来そうだ〉

イルマンのハビアン紹介を耳にしながら、太兵衛がそう思ったのには理由があった。彼がこれまでに接した伝道者で、信仰上の疑問に納得の行く応答をしてくれた人は、殆ど誰も居なかったからだ。外国人の宣教師には言葉の壁もあったであろうが、日本人のイルマンでも、字面《じづら》をなぞるような答えばかりで、太兵衛のように、ある程度キリシタンの教理に通じた者には、何の参考にもならなかった。

了善は昔自分が入信する動機となった、イルマン・ロレンソ（本名は了西《りょうさい》か？）のお談

義を想起し、

「老師この世に御《おわ》せば、必ずやそなたにも裨益《ひえき》するところ有るべし」

と言ったが、ロレンソは十年前、文禄元年の冬に長崎で没して居り、今はその熱弁に接する由も無い。

熱烈な信仰体験と博識に基づく説教によって、聴聞《ちょうもん》の人を魅了し、入信者の数を増やしたロレンソは、京《みやこ》に天主教布教の礎を据えた功労者である。ザビエルに代わり、この国の中心にカトリック信仰の種を蒔くべく入洛《じゅらく》した宣教師ブレラも、同行したロレンソの助力無くして目的を達することは出来なかった。伝道者として卓越した能力を示したこのロレンソは、一体どんな人物だったのであろうか。

フロイス『日本史』等の資料に依れば、彼は放浪の琵琶法師、民家の門口で音曲を奏して金《かね》や食物をもらい歩く、いわゆる門付《かどづ》けをしてその日を暮らしていた。少年の頃から肥前（長崎県）平戸の実家を出て、自活しなければならなかったのであろう。身体的条件にも恵まれなかった。容貌は醜く、片目がやっと見えるくらいであった。体格も貧弱で背も低い上、片脚が悪いため歩くのに難渋した。そんな彼の姿に、人びとは話を聞く前に先ず嘲笑した。しかし、一旦彼が話し出すと、人びとの態度が変わった。熱誠溢れるロレンソの弁舌に聴衆は次第に引き込まれ、いつの間にか熱心に聴き入っていた。

一介の旅芸人に過ぎなかったロレンソの、何処《どこ》にこうした才能が潜んでいたのだろうか。

彼が初めて聖ザビエルの姿を見たのは、西国の雄、大内義隆の本拠山口であった。ザビエルが街角に立って説教をしているところに、ロレンソが通りかかったのだが、当時山口は戦乱で荒廃した京に代わって繁栄し、各地から多くの人が集まる都市だったので、ロレンソも暫くこの地に腰を落ち着けることにしたのである。初め立ち止まってザビエルの話を聞いたのは、単なる好奇心でしかなかった。しかし何度か出会いを重ねるうちに、たどたどしく話すザビエルの説教に耳を傾け、説教の場所が変わればその後を追って、更に聴聞を続けるほどの熱意を示すまでになった。

〈この教えは自分を救ってくれるのか。今の境涯を抜け出すことができるのか〉

ロレンソは自問の日々を重ねた。

胸に萌《きざ》した思いは、日に日に高まるのである。

ロレンソが琵琶を弾じて語る詞《ことば》には、仏教思想に裏付けられた文言が多く、商売柄それらの章句を繰り返し唱えて、諸行無常の仏教的諦念に慣れた身には、ザビエルの説く天主の教えは如何にも新鮮な響きがあった。人びとが浴びせる嘲笑を逆手《さかて》に取り、殊更おどけて見せつつも、内心は屈辱と怒り・悲しみに満たされていたロレンソにとって、普段《ふだん》はそれに耐えて生きる慰めとなった仏の慈悲が、今や色褪せて見える。

ロレンソの回心の経緯は、こうした過程を辿ったのであろう。それにしても、後年彼が仏僧との対論や談義で示した儒仏にわたる該博《がいはく》な知識は、どのようにして身につけ得たのであろうか。寝食もままならぬ放浪の明け暮れは、求道と学びの旅でもあったのだろうか。了善はかつて自らロレンソの謦咳《けいがい》に接した体験が、最早息子に伝わる術《すべ》の無い心残りを、何時までも語って止まなかった。

(十) 慶長八年、画期の年

慶長八年二月、家康征夷大将軍となり、江戸に幕府を開くと共に、この地を政権の本拠として本格的に市街地の造成に着手する。

この年は太兵衛の身辺にもいくつかの新たな事態が生じた。その一つは、何と言っても第一子《だいいっし》の誕生である。男の子だった。今回は悪阻《つわり》も軽く、順調な出産であった。五月十四日深夜、前夜から陣痛が起こり、午《うま》の刻が過ぎた途端に元気な産声《うぶごえ》が産室に響いた。隣室に控えて帳簿付けなどしていた太兵衛は、早速呼び込まれて我が子に対面する。待望の後継ぎだった。

しかし産着《うぶぎ》に包まれた赤子を見た時、不思議なことに太兵衛には、何の感慨も湧かなかった。それは文字通り「小さな生き物」に過ぎなかったのだ。数日経って少し抱かせて貰い、爪楊枝《つまようじ》のような赤子の細い指が動くのを見て、初めて込み上げるように愛《いと》しさを覚えた。

〈これで橋本家の家名は続く。父上の創《はじ》めた桔梗屋の暖簾《のれん》も、守ってくれるかも知れぬ。この子を大切に育《はぐく》まねば〉

太兵衛の心に漸く芽生えた親子の絆《きずな》は、やがて数奇な運命を辿る家族の中で、桔梗屋の家名と暖簾がこの子によってのみ守り継がれて行くことを、予感するかの如きものであった。ただしそれは太兵衛が、最期に臨んで望んだことではなかった。親子の絆があればこそ、家族は運命を共にしなければならない。子どもは親の前に立って、一人も欠けずにデウスの許《もと》に参じ、永遠の命《いのち》を承《う》けねばならぬ。この世の絆は一瞬の命を繋ぐに過ぎぬ。

親子の絆を斯く解釈するのは、これから十数年後のことだが、長男誕生の時はそうではなかったであろう。この違いの根元にあるのは、恐らく太兵衛の信仰の深まりであった。信仰の深まりが凡夫の迷いを断ったと思う外はない。

お七夜《しちや》を迎え、了善は赤子を実孝《さねよし》と名付け、通称を了平とした。本名は太兵衛（実純《さねすみ》）同様、橋本家の慣習に従ったのである。また後に赤子は両親の願いにより、モレホン神父に洗礼を施され、教名ミカエルとなる。

太兵衛の身辺に起こった新たな事態の二番目は、日本人イルマン、不干斎ハビアンの登場である。それまで下《しも》の各地で活動したハビアンが、母の居る京に再び戻ったのである。

この年三月、御室《おむろ》の桜が盛りの頃、一人の日本人イルマンを伴って上京の仮の礼拝所を訪れたモレホン神父は、ミサの席で会衆に彼を紹介した。

「予《かね》て皆様にお話ししたイルマン・ハビアンでござります。暫くは下京の教会に居りますが、何《いず》れ上京天主堂出来ますれば、こちらのミサに加わること多くなります。よろしゅうお願い申します」

神父は傍らの三冊の書冊を取り上げ、

「これはハビアン著作の日本語学習書でござります。『ヘイケ・モノガタリ』・『エソポ・ノ・ファブラス』・『キンクシュウ』（平家物語・伊曽保物語・金句集）とあります。われらパードレ、日本語の学習に大へん重宝《ちょうほう》しています。イルマンは才能豊かな伝道者でござります」

モレホンは眼を輝かして新来のイルマンを誉めそやした。

「パードレの過分なお誉《ほ》めの言葉で、些《いささ》か面映《おもはゆ》うございます。久しく下《しも》の各所を回っておりましたが、漸く京に帰って参りました」

モレホン師に次いで挨拶に立ったイルマンは、痩せ形だが五尺六寸（約一七〇センチ）はあろうかと思われる背丈《せたけ》で、色白く面長《おもなが》、なかなかの好男子である。控え目ながら言語明晰に話し始めたハビアンは、太兵衛とは年齢が近いこともあり（太兵衛の二歳年下）、やがて親しく話し合うようになって分かったのは、幼時から禅寺に預けられたと言うだけに、彼が仏教の教理に詳しいことで、これが仏僧との問答で彼が優位を占める強力な武器となったことだった。相手の発言を掻《か》い潜って当意即妙、次々に繰り出されるハビアンの言葉には、豊かな教養の裏付けがあり、その爽やかな弁舌と相俟ってしばしば相手を絶句させ、反論の余地を封じた。了善はかつての旧師の話し方を想起し、「イルマン・ロレンソの再来か」と言った。

太兵衛は伝道師になろうとは思わなかったが、これからはハビアンに就いて、キリシタンのみならず儒仏の教えに関しても知識を深め、自らの信仰に確信を得たいと思うのだった。

斯かる期待の下に始まるハビアンの活動には、実は他方で起伏に富んだ行状とも言うべき別の一面があった。しかしここではそれに触れる前に、太兵衛の身辺に生じた第三の事態を語らねばならない。

五月雨《さみだれ》の季節が過ぎて夏空の日差しを感じるようになった頃、長崎の長七から手紙が届いた。六月十九日、長崎に帰着、一行三人皆無事であるとのことだった。三条の店にも知らせがあったと見え、その日のうちに桔梗屋へ連絡が来た。昨年十一月の長崎出航以来約七ヶ月の船旅《ふなたび》であった。積み荷の整理等があるので、京に戻るのは七月半ば以降になるとも書かれていた。了善に促されて翌日三条店を訪れた太兵衛を見ると、さなが腫れぼったい目をして、前夜は眠れなかったと言った。

長旅の三人が京に帰り着いたのは七月二十日《はつか》、町の辻々では地蔵盆のしつらえが始まる頃だった。三条店に寄ってから、旅装も解かずに桔梗屋へ回って来た長七らを、店先で迎えた了善は、

「おォ」と言ったきり、直ぐには次の言葉が出なかった。三人の様子がすっかり変わっていたからだ。潮焼けか、それとも南国の暑熱の故か、日焼けして肌色は赤褐色、引き締まった顔付きで眼に厳しさがあった。体形も出掛ける時に較べると細くなったように見える。

了善は昔小嶋屋時代に高砂《たかさご》まで渡航したことがあるので、当時の状況から推《お》して、今回の彼らの旅の多難を想わずには居られなかった。

三人をとにかく奥座敷へ通し、帰国の挨拶を受けているうちに、程なく太兵衛が出先から戻って来た。長七と太兵衛が言葉を交わしているのを見ながら、たゑが了善の後ろから何か囁く。了善はうなずいて、

「なァ長七どん、丁度皆の顔が揃うたところで、軽く一献傾けて語り合うたら如何かの、刻限は少し早いようじゃが……」

了善に声を掛けられた長七は、同行の二人を見遣《や》ってから、

「三条へは立ち寄って荷物を置いて来ただけやし、御挨拶が済み次第直ぐ戻る言うて来ましたさかいに、今日はこれで。話さんならぬことは山ほどござりますが、明日また改めて参じます」

長七はそこそこに話を切り上げ、清吉を残して三条へ帰った。桔梗屋では、その夜家族の食事の席に清吉を加え、土産話に花が咲いた。

翌日は暑さの和らぐ夕方を狙って、長七らは再び桔梗屋に現われた。今日はさゝなも一緒で、三人ともこざっぱりした夏の衣服である。

長七は持参した様ざまの書付けや帳簿を取り出し、了善と太兵衛の前に置いて一点一点説明を始めた。七か月以上にわたる南蛮行きの収支報告である。現地での積み荷の売り捌き状況、長崎での地元商人との商取引（現地や寄港地で仕入れた商品の多くは、通例長崎で処理される）、堺の小嶋屋に預けた一部船載品の内訳等、傍らの清吉たちとも相談しながらのかなり詳細な報告であった。

男たちが話し込んでいるうちに、庭先が薄暗くなり織部《おりべ》灯籠に灯が入った。女中に行灯《あんどん》を持たせて座敷に入って来たくらが、

「さァさ皆はん、暗うなってきましたえ。この辺で一息入れはったらどうえ」

「そやな、後《あと》の話はまた明日《あした》や」

くらに促された了善の一言で、報告は中断し、この夜は一同揃って夕餉《げ》の膳を囲んだ。長七らは今夜桔梗屋に泊まることになっていたのだ。

太兵衛は昨日来の長七や清吉らの話を聞いて、南海への船旅が容易ならぬ壮挙であることに改めて想い到った。その一方、未経験の三人がともかくも長旅に耐えて用務を果たし、無事に帰国できたことで自信らしきものを覚えたことも事実であった。七ヶ月余りに及ぶ船旅のうち、長崎からメコン河口までの往路は順風に恵まれ、二十一日で航程を終えたの

だが、帰路は七十五日を要している。復路の所要日数が多いのは、実は水主《かこ》（船乗り）や船客に多数の病人が出たため、天川《マカオ》に寄港して、キリシタンの医療所で手当てを受けていたからとのことであった。また現地のメコン河という大河は流れが速く、上流のプノンペンまで遡《そ》航するのに多大の日数を費やしたとも言う。今回の船旅は幸いにも海が荒れることは無かったとは言え、航海に要する日数を聞いただけでも、南海での交易に乗り出すには、それなりの用意と覚悟が求められると言わざるを得ない。

現地カンボジア滞在中の見聞について、翌日長七が語ったのは、概略次の如くである。

プノンペンはカンボジアでは第一の賑やかな町で、住民も多く、近在から集まる人びとを相手に商業や工人の活動も盛んである。目に付くのは、パゴダという黄金色《こがねいろ》の高い仏塔が聳える寺院で、橙《だいだい》色の衣をまとった僧侶が大勢街中を歩いている。住民は皆敬虔《けいけん》な仏教徒らしく、これらの僧を非常に大切にする。プノンペンでメコンに合流するトンレ・サプ川を北へ、一日航程のところにピニャールーの町があり、付近のウドンにはカンボジア国王の王宮がある。そのためか、閑散なピニャールーにオランダ商館が置かれ、日本人の集落もあった。二百人以上かと思われる日本人の定住者の多くは、日本を含む諸国の交易船の取引に関わる仕事をしているが、プノンペンの日本人町では、もっと多くの日本人がメコン河畔※に軒を並べて商売をしている（※メコン河畔ではなく、トンレ・サプ川畔。長七の思い違い）。そこにはまた、清吉の話ではキリシタンの教会があった。出入りしているのは殆ど日本人で、バテレンの姿は見えなかったが、時どき大勢でキリシタンの歌を斉唱するのが聞こえた。木屋船の積み荷の売買や揚げ卸しには、これらの日本人がよく動いてくれた。

長崎から乗船したポルトガルの按針（水先案内）は、航路の安全と同時に、熱帯の気候に慣れない乗船者の体調を頻りに案じており、その不安が的中するや、躊躇なく船をマカオに寄せて医療所の介護に委《ゆだ》ねてくれた。按針の適切な処置が無ければ、一同揃って帰国することはできなかったと思う。それにしても、改めて彼《か》の地の暑さが偲ばれる。二十日程して漸く慣れたとは言え、耐え難い暑熱に気力衰え体を壊す。食中《あ》たり、水中《あ》たりは固《もと》より、諸病避け難し。他にも危険は数多《あまた》あり、南洋諸国に進んで赴かんとする者は、善《よ》く善《よ》くの用心肝要と思うべし。

以上長七一行《いっこう》の報告と体験談は、太兵衛に南蛮行への教訓と予備知識を与えた。これを踏まえて太兵衛は、たとえ朱印状は得られずとも、一己《いっこ》の京の桔梗屋として、遠からず自ら難業に挑まんとの意気に燃えるのだった。

慶長八年、征夷大将軍として武家の棟梁となった家康は、徳川の天下を固める諸施策を着々と進めて行った。江戸と上方《かみがた》を結ぶ諸街道の整備、二条城・伏見城・江戸城（城下を含む）等の外様《とざま》大名による修築、関東・東海の重要拠点への親藩・譜代《ふだい》大名の配置等々、大坂城の動静を睨みながら、幕藩体制構築への途を歩み始めたのである。この歩みのなかで、大坂の秀頼母子の存在は目障《めざわ》りであったが、これを力ずくで押し潰す荒業《あらわざ》は家康の文治主義には馴染まなかった。そこで家康は内々《ないない》で秀頼母子に、何処《どこ》か西国の一大名として大坂城を立ち退く提案をしたのだが、淀殿は頑として受け付けなかった。慶長八年に十一歳となった秀頼が内大臣に任ぜられたのを機に、家康は孫娘の千《せん》姫を秀頼に嫁がせる。この後（慶長十年）更に右大臣に昇任した秀頼に、家康は二条城での謁見を促すが、豊臣家は応じなかった。かくて家康は次第に豊臣方への態度を硬化し、宥和策を諦めるに到るのである。

天下統一を目指す上で、もう一つ気になることがあった。幕府の財政基盤強化の問題である。大坂城には秀吉が蓄えたかなり大量の金銀があることは分かっていた。いざとなれば、それが物を言うことも予想できる。従って豊臣氏を倒すには、それに対抗し得る財力がなければならない。家康が伏見に銀座、京に金座を開いて、流通貨幣（慶長金銀）の鋳造に乗り出したのはこの頃である。金銀鋳造の座はすでに秀吉時代に大坂等で開設されており、徳川氏はこれをより本格的に踏襲《とうしゅう》したことになる。

家康はまた慶長八年に、長崎でポルトガル船が舶載した生糸（白糸）を一括して買い上げる制度を始めた。正式には翌慶長九年から始まる「糸割符《いとわっぷ》制度」である。初めは専ら幕府が「将軍糸」として買い上げたものに、翌年から京・堺・長崎の三都の商人に限定したのは、需要の多い生糸の商品流通を促進し、幕府財政のみならず、内国経済の活性化を図る狙いがあったのであろう。大坂方との関係で言えば、有利な生糸貿易から大坂方を閉め出し、豊臣氏の財力を弱化させる目的もあったと思われる。またイエズス会が布教の資金稼ぎに利用した、マカオからの生糸輸入にも目を配る意図があったかも知れない。

幕府は初年度に生糸一〇〇〇丸（三〇トン）を黒船（ポルトガル船）から買い取り、七艘の船で伏見城に運んだ。これを天守に保管して随時売り捌くのである。幕府買い上げ後の残余の生糸は、次年度から「三ヶ所」の糸割符仲間の商人に、出資金に応じて配分されるようになる。全体を三二〇丸とすれば、堺一二〇丸、京一〇〇丸、長崎一〇〇丸の割合である。三都では、これを更に各人の分担金出資額に従って配分する仕組みなので、輸入業者が外国船と直接取引する相対《あいたい》貿易の旨味はない。

この年（慶長八年）家康は長崎奉行の寺沢広高を、配下の小笠原（一庵）為宗と交代させた。キリシタン対策と共に、対外貿易の監督強化のためである。買上げ価格の策定、貿易実務の効率化等、糸割符制度の管理・運営に関しても、幕府の干渉が厳しくなるのである。

かねて呉服商への転換を目論んでいた太兵衛にとって、この制度による不利益は無かったのだが、織元との連携を重視する立場からすれば、関《かか》わりが無いとは言えなかった。単なる呉服販売業を越える商法を、彼は構想していたのだ。ならば、これはやはり自ら現地へ赴き、現物を直接仕入れて来る他はないと思ったのである。


秋も深まった十一月半ば、上京教会天主堂が完成し、関係者一同参集して、控え目ながら厳粛に献堂式が行なわれた。旧南蛮寺の経験に鑑み、周囲の町屋と調和するように、外観と内部のしつらいは和洋折衷式になっていた。席上信徒中から、この春伊賀守に任ぜられ正式に京都所司代となった板倉勝重の許《もと》に、御礼言上《ごんじょう》の信徒代表を送ろうとの話が持ち上がった。いったん中止となった建設工事が、勝重の御蔭で再開できたからだが、今後も

彼の好意に期待しようとする意味も込められていた。ところが、これに対してイルマンのハビアンが立ち上がり、

「それは止《や》めた方がよろしゅうござる」

と異議を唱えた。

「然様《さよう》なことを致しても、あまり得《とく》にはなりますまい。いや、却って不都合を招く恐れあり」

ハビアンの意見を要約すれば、太閤時代とは異なり、今は布教も勝手次第となりしが如く見えるけれども、京・堺・長崎等異人の出入りする所の他は、依然としてキリシタンの取り締まり厳しく、処刑も行なわれている故、この際人目につく振る舞いは極力避けるに如《し》かず。況《いわ》んや市中取り締まりの当事者たる奉行所に、殊更当方の動きを示すは愚策の極みなり、と言うのである。

勝重の寛厚な人となりと、キリシタンへの理解有る態度を挙げて反論する信徒に対しても、

「所司代と言えども将軍の旗下《きか》の一人なり。幕命に背いて動けるわけも無し。所司代を味方と思うてはならぬ」

そうたしなめた上で、自分が下《しも》の各地で見聞した禁教の実態を語るのだった。

同じ年の夏、新天主堂の近辺にもう一つ、新たな仏寺院の諸堂が完成した。堀川を挟んで天主堂とは反対側の北へ少し上った所、円通山興聖《こうしょう》禅寺である。今を時めく将軍家茶道指南の古田織部が、菩提寺として建立したものだが、茶匠として朝廷以下公武の諸家に尊重され、自らも三万五千石の大名であった織部の伽藍《がらん》造りは、上京教会のそれとは比較にならない盛大なものであった。開山は虚応円耳《えんじ》、幕府の政治顧問天海の推薦による。しかし、これが後に織部の命取りとなる。

寺内に設けた茶室では度々茶会が開かれた。在京中織部は自邸よりもこの茶室を使う方が多く、多彩な参会者には土地柄の故か公家の姿が目立った。

秋も深まる頃、上京教会から八文字屋と木屋・了善の三人が夜会に呼ばれた。何れも織部とは商売上の面識があった。織部は黒船舶載の渡来品を珍重したからだが、八文字屋はどうやら信仰の面でも織部とは往来があるようだった。

「上京の天主堂が近く落成するとのこと、わしは立場上献堂式には出られぬが、皆々多年の念願叶うてめでたき限りじゃ」

織部は席上そんなことを言った。聖堂の建築費に織部の寄進が含まれていることは、予て了善もそれとなく耳にしていた。洗礼を受けてはいないらしく、ミサに姿を見せたこともないけれども、デウスの信仰に対しては並ならぬ関心を示した場面が、信徒間でしばしば目撃されている。

茶人としての織部の名声は、何と言っても彼の優れた意匠家《デザイナー》的才能によることは明らかである。師の利休の推輓《すいはん》もあったにせよ、茶器やその他の彼の作品を見る人は、その斬新なデザインに目を奪われ、作者の資質に興味を抱《いだ》くのである。それらの形・色・模様の何れにも、これまでとは異なる破格な味わいがあった。こうした独創性《オリジナリティー》は一体どこから来るのだろうか。京や堺の商家を訪れては、南蛮渡来の布地や器《うつわ》を見ることを好んだ織部が、これらの品から発想を喚起されたことは間違いない。それは結局、その発想を受け容れる彼の資質の証明でもある。利休が織部を評価したのは、自分にもある独創性を彼に認めたからでもあろうが、両者の独創性には発現の仕方に相違があることも分かっていたと思われる。すでにある物に、見方を変えて新たな価値を見出《い》だした利休に対して、織部は新たな造形の地平を創出したのである。

織部の芸術意欲はまた、渡来物の造形に絡む宗教的色彩に無感覚であるはずはなく、そこから信仰への転機も生じる可能性があるのだが、彼の生涯を辿ると、既成の価値や権威に盲従せず、独自の途を行く気概を秘めた人物であったことが分かる。こういう資質が、織部の独創性と無縁であるとは思えない。

茶庭で多く見掛ける織部灯篭、一名キリシタン灯篭は、「織部好み」と言うことでこの名がある。小振りで繊細瀟洒《せんさいしょうしゃ》な形には、いかにも茶の湯の場所にふさわしい趣があるものの、これにキリシタンの語を被《かぶ》せるのは何故であろうか。灯篭は本来仏寺院で用いられたものだが、キリシタンでは当時これを礼拝の対象とした疑いがあるのである。隠れキリシタンの時代はもとより、それ以前でも、そんな気配が感じられる。その根拠とされるのは、やはり灯篭の形状にある。織部灯篭の最も目立つ特徴は、基礎（土台）の部分が無く、柱状の竿（支柱）の下部が地中に埋没している点にあるが、竿がその上の中台と接する辺り、（正面から見て）左右にふくらみ（出っ張り）があり、その中央に何やら不思議な文字が刻まれている。灯篭を上から順に宝珠・笠・火袋から竿へと続く縦の線に、この左右のふくらみが横に交差すると、全体が十字架の変形に見えるのだ。また竿の前面を龕《がん》状に穿《うが》ち、渡唐《ととう》天神と称する神像を浮き彫りにしたのは、当時の天神信仰に基づくものであろうか。こうした灯篭の形がどこまで織部の創意に成るものか判然とはしないにしても、キリシタンの信徒はこれをマリア観音に見立てて礼拝したらしく、そういうことから織部キリシタン説が流布したものと思われる。しかしながら、これ以後十年余り、織部一族の悲惨な最期は、彼の一徹《いってつ》さの証明にはなっても真摯《しんし》な信徒の証《あか》しにはならない。

(十一)「メアコ」のハビアン

関ヶ原戦後、秀頼を支える中心人物を失った豊臣家に、大老家康は片桐市正《いちのかみ》且元を家老として送り込んだ。すでに秀吉の遺命で秀頼の傅育を委されていた且元は適任だったが、この時以降豊臣家崩壊の過程で、家康と淀殿の両者に翻弄される日々を送った。この人も未だに毀誉《きよ》褒貶《ほうへん》定まらぬところがあるとは言え、本来は加藤・福島らと共に秀吉小姓の一人であり、浅井家との縁《えにし》をも考えれば、これはやはり淀・秀頼に献身した、実直な人物だったと思うべきであろう。

家康将軍と成り幕府を開いたこと、摂河泉の三か国の大名に秀頼を降格しようとしたことに対して、淀殿は烈火の如く怒り、且元を糾弾《きゅうだん》する。その時且元は、

「秀頼様未だ御幼少にて、天下を統《す》べるに難し。故に御成人の暁まで、大老代わりてこれを預かるのみ」

と陳弁に努めるが、その後二年にして家康将軍職を秀忠に譲るや、

「最早家康の叛意明白、天下の権を豊臣家に返上する誠意無し」として、淀殿と大野治長ら扈従《こじゅう》の面々は、以後且元の執成《とりな》しを受け付けなくなるのである。

逆臣の汚名を被ることを避けたかった家康も、事ここに及んでは穏やかな方法を諦め、武力により豊臣家を排除する決意を固めざるを得なかった。自分の余命を考えても、これ以上一刻の猶予もならぬ。我慢強く慎重な家康が、この辺りから形振《なりふ》り構わぬ権力亡者に変貌するのだ。

家康の決意がはっきり形に現われるのは、先ず年賀の欠礼だった。家康を含めて、諸侯が毎年秀頼の許《もと》へ新年の挨拶に出向くのは恒例であったが、彼はこれを廃しただけでなく、逆に秀頼の方から伏見城の家康に年始の挨拶に来ることを求めた。またそれとは別に、災害で倒壊した東山大仏殿の再建を秀頼に勧める。淀殿らはこれを故太閤の遺徳を顕彰するものと喜んだけれども、これは大坂城内に蓄えられた金銀を蕩尽《とうじん》させようとする、家康の策略だった。これらのことは、すべて且元を通して豊臣側に伝えられたため、大坂城内での且元の立場はますます不利になるのである。

「大坂城内の金銀は故太閤殿下再三の御出費により、今や底をつく有様。新たに工を起こすなど主家の破綻を謀るに近し。且元またも徳川の走狗《そうく》となりしか」

大野治長の意見で淀殿も家康の真意を覚るものの、結局方広寺大仏殿の再建は行なわれ、その結果同寺の《鐘銘問題》で大坂冬・夏の陣の開戦となる。

江戸幕府開設から豊臣家滅亡までの十年余に、愈〻《いよいよ》大詰めを迎える豊臣・徳川の覇権争いは、且元一身《いっしん》の晩年の苦衷に凝縮された観《かん》あり、これを治長と比較して、

——片桐は忠臣に似たる賊臣（『翁草』）

と断じるのは、皮相《ひそう》の見《けん》と言わなければならない。

治長は秀頼母子の最期を見届けて殉死するが、且元も元和元年五月、主君滅亡の二十日後に、憂悶のうちに病死する。

打倒豊臣の宿願を果たした家康父子は、その前後から政策の重点にキリシタン弾圧強化の方針を加える。徳川の天下を脅かす当面の敵を倒した後は、キリシタンに標的を定めたのである。それまで比較的平穏だった太兵衛の信仰生活は、一転して厳しさを増すのだ。

ただし慶長九年から十年にかけての京には、まだ受難の嵐が吹き始める兆しは無く、新聖堂を拠点とする上京キリシタンの活動は、むしろ今後の展開を期待して進められるのである。この頃年間の入信者数は七百人前後で推移しているが、どういうわけか、上京教会

の受洗者には武家の婦女子が多かった。モレホン神父は、「こういうことは、ハビアン修士の着任以前には無かったのだが……」と首をひねった。

当時京の教会スタッフはイエズス会士十七名で、五名の司祭と十一名の修道士が、布教長のペドロ・モレホン師に統括されていた。このスタッフが上《かみ》・下《しも》両京を中心に、伏見から大坂・堺や大和、更に北陸・濃尾にまで布教の範囲を拡げ、いわゆる「ミアコ（都）」地方伝道の中核的役割を果たしていた。スタッフがそれぞれ出先で受けた印象では、関ヶ原以後信徒の間に大きな変化は見られぬものの、京と北陸には新たな動きも出ており、確かに上京教会では女性の入信者が増えているように見えるのである。

「これは恐らく徳川家の覇権掌握が、ほぼ固まりしことの表われであろう」

了善の意見であった。

「女人《にょにん》が神《かみ》信心に向かうは、戦乱終息して人心安定したる時なり。女性《にょしょう》は信心深きもの故、危急に際して神助を乞うが如く、心穏やかなれば却って神仏を頼み、後生《ごしょう》を願うのじゃ」

太兵衛は了善の解釈に「そういうこともあろうか」と思う反面、モレホン師の疑念にも思い当たるところがあった。

教会スタッフだけではない。信徒の側にも、信仰の強さが周囲に及び、受洗者を増やした例が見られる。内藤ジュリアや京極マリアの噂は太兵衛の耳にも入っていた。両者とも出自は大名家である。内藤ジュリアは丹波八木の城主内藤如安の妹。如安は朝鮮出兵の折、明の首都北京まで行き媾和交渉をしている。ジュリアは若くして夫に死別、仏門に入ったが、オルガンティーノに導かれて改宗、布教に専念して武家の婦人を多く受洗させた。加賀前田家の豪姫も夫宇喜多秀家流罪《るざい》の後、ジュリアの下で信徒となる。その彼女は下京教会の傍らに、当時は珍しい女子修道会ベアタスを設立し、清貧・貞潔・従順の誓願を立てて共同生活を始める。戦国争乱の時代に、寡婦《かふ》となり孤独になった武家の女性たちには、この施設が救いの場となった意味は大きい。

京極マリアは近江浅井氏、小谷《おだに》城主久政の女《むすめ》で、江北《ごうほく》の名家京極氏に嫁す。天正九年（一五八一）大高吉《たかよし》と共にオルガンティーノから受洗、以後夫の没後も熱心な信仰者として同信者を増やす。高次・高知《たかとも》の二子も受洗させるが、息女竜《たつ》子は夫亡き後、秀吉の側室（松の丸殿）となる。なお、淀殿の妹於初《おはつ》は、秀吉の命《めい》で高次の室となるも、高次死去して剃髪《ていはつ》し、常高院と号して大坂城に入り、姉と共に暮らした。

高台院（北政所《きたのまんどころ》）の周辺には、何人もの知性豊かな婦人が仕えていたことはよく知られている。しかし関ヶ原役の後は、小西マグダレナ（小西行長母）や小野木ヨハンナ（福知山城主小野木公知室《きんとも》）らに代わり、しばしば高台院の相談相手になるのは内藤ジュリアであった。高台院自身は信徒ではなかったと思われるものの、日頃キリシタンの女性に囲まれて過ごしているところを見ると、身は仏門に置きつつも、内心はデウスの教えに傾いていたのではないであろうか。

北政所に仕えた母親と共に、ハビアンが受洗したのは十九歳の時であった。身体が弱く、幼少時に母に連れられて入京、禅院に預けられる。そこでは仏道修行の傍ら、特に研学に励む。その頃の努力の成果が、善くも悪くも後年の彼の宗教活動を支えた。入信の動機については、

「信心のお蔭で病《やまい》が治り、母に従《つ》いて受洗した」

と語ったことがあり、母親に促されての受洗であったかのような印象を残している。

太兵衛はハビアンのお談義を聴いては、いつもこの同世代の伝道者の学識の深さと説得力に感服する。しかし、その一方、互いに声を掛け合うようになってから、時折彼が洩らす言葉の端《はし》ばしに、心の渇きとは裏腹なものを感じるのだった。

ともあれ、京に戻ってからのハビアンの活躍は目覚ましく、生まれ故郷の北陸へも足繁く通って信者を増やした。確かに女性の受洗は多かった。有力な婦人信徒の影響もあったた

にせよ、言葉の不自由な異国の宣教師を補佐する彼の説教に、多くの女性が心動かされたのも事実である。そうしたハビアンの動きが仏僧らを刺激しないはずはなかった。法華の宗徒を初め、ハビアンに対論を仕掛けてくる「異教徒」が跡を絶たなかった。しかし大概の場合、ハビアンに言い込められて口惜しそうに退散した。

これらの体験を踏まえて、慶長十年代表作『妙貞問答』三巻（上・中・下）が出版される。「キリシタン文学史上不朽の書」と言われる本書は、イエズス会内部でも高く評価され、日本準管区長フランシスコ・パジオにより、徳川方（本多正純）に献上されている。

下京教会を拠点とする布教の成果と、西国《さいごく》以来の説教と著作の活動によって、やがて彼は「メアコのハビアン」と呼ばれ、上《かみ》の地方を代表する伝道者として認められるようになる。

しかし、こうした時期に教師《パードレ》スピーノラが登場する。ハビアンの独擅場《どくせんじょう》であったかのような京《みやこ》キリシタンの舞台は、ここでスピーノラが現われて場面が転換するのである。ただし、その後の推移を語る前に、もう少し彼の足跡を辿らねばならない。

加賀前田家二代の当主利長は、熱心なキリシタンの擁護者だった。夫の秀家が八丈島流罪となった傷心の妹、豪姫を懇ろに遇し、居城を捨てた高山右近や内藤如安らのキリシタン大名を、ためらうことなく家臣（客将）の列に加えた（実際は初代利家が右近を招いた）。右近は受洗した旧臣の多くを伴っていたので、前田領内の武家信徒はかなりの数になった。北陸は元来一向宗の勢力が強く、農民を主とする平民層に教勢を伸ばしていたが、数が増えた武家信徒の間では新たな信仰拠点を求める声が高まる。京の教会からは相当頻繁に教会スタッフが訪れていたけれども、地元での要望は教会堂の設置とスタッフ、特にパードレの常駐にあった。

「自分がこれだけ北陸に通い、精一杯やっているのに、彼らは異人の教師《パードレ》を望む。異人は言葉が不自由にして不充分、説教を聴いてもなかなか意味が伝わらぬ。南蛮人を有り難がるのも程ほどにしてもらわんとな」

ハビアンは太兵衛の前では、己れの自負心を隠さなかった。

右近の一党が住み着いた能登の地は、ハビアンの生まれ故郷でもあったから、彼が北陸に向かう時は、能登の輪島辺りまで脚を伸ばすことも珍しくなかった。しかし、各地で高く評価された彼の熱弁に対して、能登の住民の反応は鈍く、武家信徒への訴えも実り多きものとはならなかった。

〈ここは何と言ってもジュスト右近殿の一党強きところ、われらの話など聴く耳持たぬの

か〉

ハビアンは僻《ひが》んだが、実際右近が前田家の客分となって十五年余り、今や北陸のキリシタンは、「右近在ってのキリシタン」の様相を呈していた。右近の斡旋により同じく前田家の客将となった内藤如安は、京の妹ジュリアとの連絡を絶やさなかったから、右近の影響は間接的に京にも及んでいたことと思われる。ハビアンは北陸の布教を通じて、ジュスト右近の影にある種の息苦しさを覚えていたのではなかろうか。

慶長十年の秋も深まる十一月初め、北陸では早くも朝夕肌寒さを感じる頃であった。金沢城下の右近屋敷の一室で、ハビアンはこの家の主《あるじ》と対座していた。右近の後ろには若い女性が一人控えている。ハビアンは秋の北陸巡回を終え、京への帰途右近邸へ挨拶に寄ったところである。

「この者は某《それがし》の許《もと》で働いてもろうて居ります冬芽《ふゆめ》と申す娘。未だ受洗してはおりませぬが、デウスの神学に関心深く、行く行くは信仰の道に入り度き所存と申し居ります。実家は先般御師《おんし》が逗留されましたる七尾《ななお》にて、高槻《たかつき》以来の元家臣にござる」

右近に紹介され、面《おもて》を上げた娘は、小柄ではあるがいかにも利発に見える顔付き、瞳に輝やきがあった。

前田家での右近には、キリシタンの他にもう一つ、茶匠としての顔があった。利休門下の七哲と称され、当主利長の茶道師範を務める南坊《みなみのぼう》の名は、領内では知らぬ者無く、この茶人南坊に彼女は仕えていたのである。

「本日内藤如安殿は所用にて、御同席は叶いませなんだが、妹御《ご》のジュリア殿には、近々《ちかぢか》京にて女性《にょしょう》のみなる信心講を開かれる由にござります。これなる者、その話を耳に致し、この際是非とも京に赴きて信心講に加わり、デウスの教えを究めたしとの思いを募らせ、此度《こたび》は某に伺い立てて参ったのでござる。志《こころざし》高く切なる思い、某主《しゅう》としてこの者の願い否《いな》み難く、思案の上斯くは御師の御帰来をお待ち申し上げたる次第にござります」

右近は傍らの手文庫から一通の書状を取り出し、ハビアンの前に置いた。内藤ジュリアに宛てた如安の添え状だった。

翌朝城下を出るハビアン一行の中に、旅支度をした冬芽の姿があった。下京の教会に近いジュリアの住居まで、ハビアンが彼女を送り届けることになったのだ。

この女性はやがて入信し、翌年ジュリアが設立するベアタス修道会の助手となる。その傍らハビアンからキリスト教学を学ぶが、太兵衛からもポルトガル語の手解《ほど》きを受ける。《ベアタス》とはポルトガル語のベアータ（修道女）の複数で、「修道女会」の意。彼女は教名ルシアとなる。

旧主織田秀信の訃報を太兵衛が受け取ったのは、南海への交易を目指して、船出の準備を始めたところであった。たえの津島の実家からの知らせだったが、すでに死去の日から三か月も経っていた。追放の身として葬儀らしいものもなく、遺骸は高野山下の善福寺から、山上の何処かに葬られたらしいということだった。

太兵衛はこの秋に予定していた渡航の準備は一時停止し、場合によっては翌春以降に延期しても、〈先ずは高野山に行かねばならぬ〉と決断した。危険な長期の航海に出れば生還は期し難く、墓参の機会は失われるからである。前田玄以の請託を受け、幼少の秀信傅《ふ》育の任に当たった者として、病床にあったと言われる悲境の旧主を見舞うことさえ叶わなかった無念を、繰り返したくはなかったのだ。

とは言っても、いろいろ商売上の都合もあり、実際に太兵衛が高野に向かったのは、山々の紅葉が色濃くなってからだった。たえも同行を望んだが、老親らや子どもたちも居ることなので、岐阜時代を知る八助だけを供にして京を発った。大和路《やまとじ》を南に辿り、三日目に善福寺に到着、そこで秀信が山上の室谷光台院に葬られたことを知る。

その夜は寺に泊まることとし、秀信最期の模様を寺僧から聞く。

朝夕の寺の勤行《ごんぎょう》に加わる他は、終日為すことも無く一室に籠もり、庭に出るのも稀である。訪れる人は疎《おろ》か、かしずく者も無く、孤独な日々であった。次第に食が細り、日中も寝たり起きたり、やがて深夜に何事か呟きながら堂内を歩き回るようになる。

「痩せ細って病の床に就かれ、消え入るような御最期でございました」

秀信の食事の世話をしたと言う若い寺僧は、何か言い残されたことは無かったか、という太兵衛の問いに、奥から持って来た袱紗《ふくさ》を解いて、小さな銀の十字架《クルス》を取り出し、

「何も仰せにはなりませぬが、息を引き取られました時、これをしっかりと握り緊めておいでにございりました。中納言様はキリシタンでございましたかな……　とにかく、住持が申しますには、そのうちどなたか縁《ゆかり》ある方が見えれば、その方にお渡しするとして、それまで当寺でお預かりしておこうということになりました」

〈やはり、信仰を棄てられたわけではなかったのだ〉

太兵衛は年来心に掛かっていた雲が、いくらか晴れたような気がした。

〈それにしても秀信様、お労《いたわ》しき御最期。信忠様はもとより、玄以様も、あの世でさぞお嘆きであろう〉

幼君と共に過ごした自らの日々も蘇って、太兵衛は思わず暗涙《あんるい》にむせんだ。

銀のクルスには覚えがあった。太兵衛も立ち合った秀信受洗の日、オルガンティーノ神父から贈られたものである。寺では、何時までも置いておくわけには行かないので、この際是非とも引き取ってもらいたいと言う。

太兵衛には考えがあった。それはこの日一応十字架を受け取り、それを京に持ち帰って、他日上京《かみぎょう》の九条家に献納しようと思ったのだ。岐阜時代の秀信には、太閤のお声掛かりで豊臣秀勝の女完子《むすめさだこ》が嫁いで来た。しかし、新婚間もなく関ヶ原の戦《いくさ》となり、二人の絆は切れる。完子の母は秀勝の死後、改めて徳川の二代秀忠の室となった於江《ごう》(小督)である。その縁で完子は秀忠の養女として、服喪の明ける明年、九条忠栄(後に幸家)の許へ再嫁することになっていた。そのことを太兵衛は、堂上家《どうじょうけ》に出入りの同業者から聞いていたのである。

翌朝主従二人は山上の金剛峯寺を目指して、百八十の長い町石道《ちょういしみち》を登り始めた。眺望を楽しみながら漸く山上の室谷光台院に着いたのは、その日の午後遅く、疲れてはいたが、陽のあるうちにと、早速寺僧に墓地まで案内してもらう。さまで広くない墓地の片隅に、その墓はあった。墓と言うよりは墓標が一本、杉木立の陰《かげ》に土を盛ってひっそりと立っていた。まだ新しい白木《しらき》の柱に、「織田中納言秀信之墓」と記されており、背後に廻ると、

「慶長十年五月八日没（行年二十六）」とあった。太兵衛は持参した花を供え、香を手向けて合掌した。合掌はしても仏式はそこまで、太兵衛には念仏も唱題もできず、ひたすら死者の冥福を祈るだけであった。墓標に当たっていた陽射しが陰《かげ》り始めた。午後の日が早くも傾きかけたのであろう。それを潮に仏堂に入り、住職の話を聴く。法号は大善院圭巌松貞。墓標について太兵衛が訊くと、

「年が改まりましてから本格的に……」

と言葉を濁《にご》すので、太兵衛は持ち金の一部を差し出し、「その折の費用の足しに」と寄進する。

翌日は山内を更に奥へ、大本山金剛峯寺や壇上伽藍《だんじょうがらん》を経て奥の院へ詣でる。一の橋から蜿蜒《えんえん》と続く参道に入る。参道の左側には、特に中の橋を過ぎる辺りから、戦国大名を主とする、供養塔・墓廟・霊廟の類《たぐい》が次々と現われる。大師御廟の前まで来て太兵衛は足を停めた。そこに所狭しと並ぶ石造五輪塔の中に、信長公の供養塔があると聞いたからだ。目の前の御廟橋から先は、奥の院の聖域と言われる場所である。そこに接して斯くも多くの塔婆《とうば》が集まっているのは、できる限り大師の墓の近くで眠りたいという、諸人願望の表われなのであろうか。生前は鎬《しのぎ》を削って激しい争いを繰り返した武将らが、死後は揃って後《ご》

生《しょう》を願う身勝手さ、「死なば悉皆仏《しっかいほとけ》なり」なる俗信に救いはあるのか。

昼なお暗く空を覆う高野槙《まき》の、木《こ》の間を洩れる日射しの中に、信長公の卒塔婆《そとば》があった。寂然と立つ五輪塔は、早くも苔むして歴史の匂いを漂わせている。

〈本能寺のことは、つい先頃と思うたが、最早《もはや》昔の話になってしもうた。織田家はもう無い。天下布武を唱えられたお館《やかた》様の世も沫雪《あわ》の如しか。――それにしても〉

と太兵衛は考え続ける。

〈この供養塔は、そもそも何方《いずかた》の手に成りしものか。亡き人の御冥福を祈りしものには相違無けれど、お館様はこれを如何《いかが》思《おぼ》し召さるるや。御母堂追善の寺院建立《こんりゅう》と山内《さんない》堂塔の再建に力を尽くされし太閤様が、ここに豊臣家墓所を設けられしは当然ながら、お館様は神仏を頼まず、加護を願う御念無き故、斯かる所にこれあるは御本意なりとは思われず……〉

戸惑いながらも太兵衛は、そこに跪いて合掌し、暫く時を過ごした。京で入信した八助も同じ姿勢で背後に控えている。風が出てきた。周囲の杉（槙）木立を揺るがす風音に混じって、またもあの声が太兵衛の耳に聞こえた。

人間五十年

下天の内をくらぶれば
夢幻のごとくなり
一度生を受け滅せぬ者の有るべきか
死のふは一定

㈩ 京《みやこ》キリシタンの人びと（上）

了善は近頃めっきり老いが目立ち、足下《もと》が危ないので、あまり外出《そとで》もしなくなった。それでも、古稀《こき》も遠からぬ年の割りには頭は確かで、判断力も衰えず、大きな取引に采配を振るうことも珍しくはなかった。

高野から帰った太兵衛の話が、たまたま信長の供養塔の問題に及ぶと、

「然《さ》に非《あら》ず、然に非ず。それはそなたの間違いじゃ。信長公は然様《さよう》なお方ではない」

信長は神仏の加護を願わぬという太兵衛の言葉を、了善がたしなめたのだ。

了善の意見では、信長が攻めたのは神仏ではなく、寺社や教団の傲《おご》りであった。とりわけ許し難いのは、権力組織と結び付いた仏教徒の世俗化であると言うのである。信長が神仏の加護を求めた証拠が安土城にある。

「天守閣の最上層は、七重が聖賢の間、六重が仏間になっていたそうな。昔聞いた話では、仏間の周りには説法する釈尊を囲んで十大弟子が描かれていたと言う。この城は信長公が天下布武の本拠として築城され、ここから京・大坂を初め、西国の諸大名を睥睨《へいげい》するお考えであった。その際公は聖人の遺徳を偲び、仏の加護を願われたと思わねばならぬ」

信長がキリシタンに対しても寛容な態度を示したのは、単にバテレンの科学的知識や西欧文化への興味だけではなく、信仰そのものに対する関心に基づくものだ、というのが了善の解釈であった。

了善が叡山を脱して世俗の人となったのは何故か。またイルマン・ロレンソの言行に接して、再び信仰に復した動機について、了善は詳しく語ったことはない。仏僧からキリシタンへ改宗する例は意外に多いが、了善の場合は一旦《いったん》信仰を離れている点が少し異なり、むしろそこに仏教々団へのより強い批判的意識が感じられる。そうしたところから了善は、仏教の堕落を怒る信長の心情に共感するのであろう。

慶長十年は家康が将軍職を嫡子秀忠に譲った年である。これによって家康は、以後将軍職を徳川氏の世襲とし、武家の棟梁としての地位を確保したことを天下に宣言したのである。また同じ四月に右大臣になった秀頼に対し、上京して新将軍に謁するよう促すが、もとより秀頼は応じない。これら一連の動きは、高齢の家康が余命を自覚し、後事《こうじ》を子孫に託して徳川家の覇権を守ると同時に、自らは身軽になって豊臣家の掃滅に力を尽くす決意を固めたことを意味する。これ以降、慶長十九年の大坂夏の陣まで、秀忠は江戸、家康は駿府（静岡）に在って京への往復を繰り返し、着々と幕藩体制の基礎固めを進めて行く。

こうした状勢の下で、不干斎ハビアンの護教書『妙貞問答』は刊行される。日本人聖職者が、日本人に分かり易い表現で、キリシタンの教えを平易に説いた書として、画期的な意義のある出版であった。少し内容を見てみよう。ハビアンは下巻でキリシタンの教義に触れる前に、上巻で仏法、中巻で儒・道教と神道を対象にして、それぞれの特色を論じると共に、その欠陥を指摘する。これは先ず他の宗教を批判することによって、キリシタンの教えの正しさを納得《なっとく》させるための内容構成であると思われる。全文は二人の尼僧、妙秀と幽貞の問答体になっており、前者は非信徒、後者は信徒で、前者の問いに後者が答える形式を取っている。ハビアンはこの書の読者として、比較的教養豊かな知的階層の人びとを想定しているらしく、特に二人の尼僧を語り部《べ》として登場させたのは、ふだん気軽に教会に出入りできない公家や武家の女性たちを、著作の対象（読者）にしていたからではないかと考えられる。

太兵衛は早速これを読んで、改めてハビアンの学識の深さに敬服する。武家時代に較べ、近年は商売にかまけて書を読むことの少ない自らの日常を悔やむ。息子に次いで全文を時間をかけて読み了えた了善は、

「なかなかの学者じゃ。仏法のみならず、儒・神の道も建仁寺の頃からの学びの賜物であろう。キリシタンについても、さまざまな面から妙秀の問いに淀みなく答え、間然《かんぜん》する所無きように見ゆる」

と言ってから、一息ついて、

「ただ、わしらから見ると、何か肝心のことが抜けとるのやないか、そないな気ィもするのやが……」

と話し始めた。

「この歳になっても、わしら未だにキリシタンの教えがよう分からん。然《さ》れど、こうして信心を続け、迷うことなくイエズス・マリアの御加護を念じてきた。今も耳に残るは老師ロレンソのお言葉じゃ。わしは老師によって眼を開かれたのじゃ。恐らく学識にかけては、老師はハビアン師に及ばぬであろう。それにしても、老師の話には人を得心《とくしん》させる力があった」

了善は言葉を切って、縁先の緑に目を遣《や》った。いつの間に降り出したのか、坪庭の木斛《もっこく》の葉が濡れて光っていた。了善は少時《しばらく》黙っていたが、堺時代の若き日を思い出していたのかも知れない。書見台には『妙貞問答』が置かれていたが、やがて了善はその一節を読み始めた。

惣《そう》ジテ此宗《しゅう》ノ教ヘニハ、理《ことわり》ヲ以テ決スル事、理ヲ論ズルマデモナク、伝受ノ一通《ひと》リニテ澄《す》ム所ガアル事ニテ侍《はべる》。去《され》バ今マデ申《もうし》ツル理《ことわ(ママ)》リ、天地《あめつち》ノ主《あるじ》デウス一体在《まし》マス事ト、アニマ・ラショナルトテ、人ニハ後世《ごせ》ニ生残ル性命アリト云事ナドハ、理ヲ以テ決セズシテ叶《かな》ハズ。又此《この》デウスハ憲法《けんぽう》ノ源《みなもと》ニテ在《まし》マスト云《いう》ヨリシテ、善人ニハ賞ヲ行イ玉イ、悪人ヲバ罰シ玉ハデ叶ハズ。（中略）此善悪ノ御賞罰、未来世《みらいぜ》ニナクテ叶ハズト云所マデモ、理ヲ以テ徹スル事ニテサフラフ。

「この文では、天主デウスやアニマは固《もと》より、人の所業が来世で報いを受けることなど、すべて道理によって説かれ得るとし、それ以上、例えばパライゾ（天国）やアンジョ（天使）などは、教会で直接教えを受けるべしと書かれておる。ただしイルマン殿は、これも理に外れたものに非ずと言われるのやが、そうなると、キリシタンの教えはすべて理に基づくことになる。先にも申した如く、ハビアン師の学識を示す書として、理を求むる者の心を満たすじゃろうが、信仰を求むる者には如何《いかが》なものか」

了善はまた顔を上げて、音も無く降る雨の庭を眺めた。

「わしには未だ所化の頃の垢が抜けては居らぬのやも知れぬ。山では何も教えられず、日々雑務と読経《どきょう》に明け暮れた。わしはそれが嫌で山を下り、俗世の巷《ちまた》に戻ったが、今にして思えば、あれは一つの行《ぎょう》であった。行と共に念じることであった。信仰の機縁はそこにこそある。キリシタンでは、その、どこが違うのやろか。——この書には、そうしたことに触れたところが殆ど無く、専ら信仰への前段として、あの世とこの世の諸相を理によって説くのみ。この書を手引きにして宗門に入る者は、果してどこまで信仰の実相に迫り得るや、甚だ疑わしいと言うべし」

了善は更に別の一節を示した。

仏法ノ極メハ空《くう》ニ帰《き》シ、仏《ほとけ》ト云フモ空也。（中略）去《され》バ空ハ直《ただち》ニ無ニシテ、ナキ物ナレバ、仏ト云ヘバトテタフトカラズ。主《しゅ》トモ何《なに》ト云《い》ヘモ云ニ足《たら》ヌ事ニテ侍《はべる》ゾ。

「空は無にして何も無いと言うことなり。ハビアン師は若年の頃より仏寺院にて修行せられし人、仏法に言う空《くう》を斯様に心得て居られたとは、実《まこと》に信じ難いことじゃ」

了善はまた次の一節、

尺迦《しゃか》ハ此空《そら》ニ天ノ体《たい》アル事ヲバ知ラデ、月日星ハ須弥《しゅみ》ノ半《なかば》ヲ風ニ乗《のり》テ旋《めぐ》リ、（中略）
ト云《いい》ツレノ事ナレバ、中々論ズルニ足《たら》ヌ片腹痛キ事ニテ侍《はべる》。

の段を引いて、

「須弥山《しゅみせん》は世界の中心にあり、周囲を九山八海《くざんはちかい》に取り巻かれて聳える巨大な山、日月星辰《じつげつせいしん》も風と共にその中腹を循環する。山頂には帝釈天《たいしゃくてん》の坐す宮殿、諸天また周辺一帯の天空に在《いま》す。ハビアン師は斯かる仏説を荒唐無稽《こうとうむけい》と退《しりぞ》け、釈迦は嘘吐《つ》きと貶《へん》する。——そなたはこれを如何に見るかの。言うてみなはれ」

了善はここで言葉を切って、息子の意見を求めてきた。最前から専ら聞き役に回っていた太兵衛は、少しまごつき、

「『嘘吐き』は言い過ぎや思いますけど、当らずと言えども遠からず、ですやろ。釈迦御自身はいざ知らず、須弥山を見てきた者は誰も居りませぬ。見た者が無い以上は、有るとも無いとも言い切るわけには参りませぬ。然《さ》りながら、斯く考えるはキリシタンにはふさわしからず……」

「いやいや、それでよい。今はそれでよいとせねばならぬ。わしとて未だにそれ以上の境地には到らぬ。それ以上はロレンソ老師に倣い、老師と同じ途を歩まねばならぬ」

「ロレンソ老師と同じ途とは、如何なることにござりますか」

「老師は生涯茨《いばら》の道を歩まれた。それは老師の宿縁《しゅくえん》なりしやも知れず。然《さ》りながら、老師はそれによって信仰を深められた。同じ途を歩む言うても、これは容易ならぬことじゃ。何となれば我らには、師と同じ機縁が無いからじゃ。機縁は求めて得られるとは限らぬとは言え、我らになし得るは、日夜これを求めて、念じ行ずることなり。キリシタンにても、『信ずる者は救われる』と申す。救いの機縁は信じて行なう者に訪れるの意であろう。容易ならぬ途にはあれど、辛酸なめてもこれを貫く者にのみ、須弥山は姿を現わすものと思わねばならぬ」

『妙貞問答』に対する了善の批判が、どこまで同信者の間に共有されたかは定かではない。しかし内藤ジュリアのベアタス会では、この書を早速採用し、女性らの教育の資料とした。また上京教会のミサの席で、ハビアンからこれを贈られた京極マリアは、上京の懇意の武家や公家を訪ね、その家の女性たちに本書の内容を説いて歩いた。その際、これもハビアンの紹介でマリアの許《もと》に出入りするようになったルシアが、扈従《こじゅう》して助手の役割を務めることが多かった。マリアは当時の女性には珍しく社交的で、出自の関係から人脈も豊かであったので、彼女の周囲には次第に武家を主とする信徒集団、とも言うべきものが形成されて行った。

彼女の出自についてはすでに触れた。久政を父、長政を弟とするマリアは、浅井の三姉妹、茶々・初・小督《おごう》の伯母に当たる。浅井家滅亡の以前に京極家に嫁したが、若くして年齢差のある高吉夫人となったのは、近江源氏の流れを汲む名家と縁を結ばんとする、浅井側の思惑に基づくものであった。マリアのかなり複雑な親族関係を以下系統図で示す（次ページ）。

マリアの婚姻はいわゆる政略結婚であったが、六角・京極の両氏が湖国を南北に二分する従来の勢力図に、新興の浅井氏が変化を起こそうとする一つの試みでもあった。残念ながらその企図は信長の攻撃を受けて挫折した。父と弟を失い、実家も消滅した上、母まで拷問にかけられたと知ったマリアは、暗然として世の無常、人の命のはかなさを思う。その後、夫高吉と共に洗礼を受けたマリアの入信の動機は、このあたりにあったのかも知れない。その一方、天下人となった秀吉は、罪滅ぼしのつもりか浅井の遺児らの世話を焼き、茶々の妹初をマリアの長子高次の正室とし、それと引換えのように、同じく長女竜子を淀殿と並ぶ自らの側室（松の丸殿）とした。後年関ヶ原戦で東軍に組した京極家には家康も好意的で、三姉妹の小督が将軍秀忠との間に儲けた初姫を、幼少の頃から高次の嫡男忠高

京極マリア周辺の系統図

※必要以外の人名は省略した。

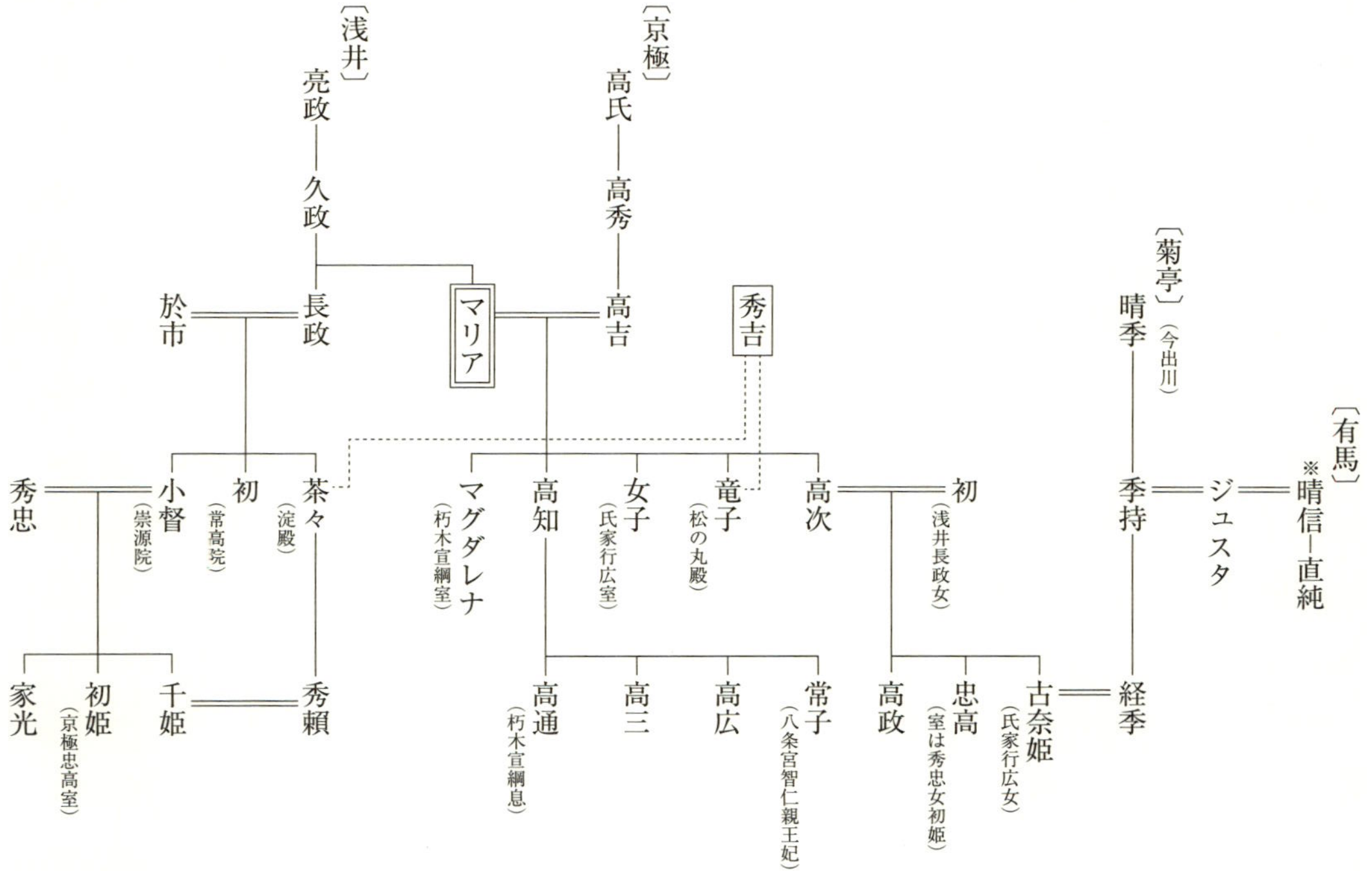

の室と定め、高次・高知の兄弟をそれぞれ若狭と丹後の大名に封じた。

　こうした流れを見ると、一旦はどん底の悲哀を味わったマリアの運命は、忽ち逆転して幸運享受の日々に変わる。ただ、それでもマリアの信仰心は一向に衰えず、豊かな人脈を辿って、その活動は益々旺盛になるのである。ただ悩みの種とも言うべきは、自らの身内が思うようにならぬことだった。長子・長女の高次と竜子を入信させることができなかったのだ。朽木《くつき》宣綱《のぶつな》に嫁いだ末女《すえむすめ》は、素直に受洗し教名マグダレナとなったが、第二子の産後体調を崩し、母の嘆きを余所《よそ》に世を去る。マリアはせめて葬儀はキリシタンとして執り行なおうとするが、朽木家は拒絶する。

「何を仰せになるのやら。当家は宇多天皇に始まり、足利将軍家の側近として仕えた由緒有る家柄にござる。バテレンの葬儀など御先祖に顔向けがならぬ」

　父の元綱と共に、宣綱は強硬に反対し、所領の朽木谷で古式に則り葬礼を執行すると言った。しかしマリアは折れなかった。

「細川様も名家なれど、ガラシア様の御葬儀はキリシタンにてなされました。然《さ》れど、そのため亡き人を惜しむ声こそ聞こえても、御家名損なわれしとは申し難く、むしろ御家柄の床しさ高まる思いにござりました。故人はわが子ながら信仰心篤く、生涯かけて祈りの日々を過ごしました。その遺志を親として全《まっと》うさせてやりとうございます。何卒、何とぞ、このことばかりはお許し願わしゅう……」

後は涙で言葉にならず、朽木の父子もそれ以上押し返すわけには行かなかった。

葬儀は下京教会でモレホン神父により執り行なわれた。在京の聖職者と信徒の多くが参集した割りには、関係者の出席は意外に少なかった。幕府当局の目を憚《はばか》ったのであろう。ただし見物人の数が多かったのは、京極・朽木という名家が、キリシタンの葬儀をすることが評判を呼んだのである。広い天主堂の内部は馨《かぐわ》しい香の煙に充たされ、荘重なオルガンの音色《ねいろ》が響く。その中で、葬儀のミサを進めるモレホン神父の祈りの声が聞こえ、会衆一同それに唱和する。その厳粛な雰囲気に、マリアはまたも目頭《めがしら》を押えた。とりわけ参会者の心に残ったのは、ハビアンの追悼説教であった。マグダレナは生前マリアと共に、または単独で、足繁くハビアンの談義や宗論の場に通っていたので、ハビアンの方でも彼女をよく知っており、その生前を偲ぶ言葉にも切実な響きがあった。ところが、信徒・非信徒を問わず、人びとに感銘を与えたこの説教が、逆に仏僧側の怒りを誘い、またもキリシタン攻撃の火の手を上げる結果になった。仏僧らは大勢で所司代に押し掛け、キリシタンの排除を訴えたが、所司代板倉勝重は取り合わなかった。そこで彼らは大坂城の淀殿を巻き込み、更に伏見の家康にバテレンの取り締まりを求めた。慎重な（或は老獪《ろうかい》と言うべき）家康は一応これを退けつつも、内心はキリシタンの動きを監視する必要を認める。この年、儒学者林羅山が下京教会にハビアンを訪ねて論争を挑むのは、こうした家康の意向と無縁ではない。予てから文治主義的傾向を示した家康は、やがて羅山を登用して将軍家の侍講とし、その朱子学を幕府政治の基本的原理と定めるまでになるのだが、この時の問答は両者の主張が必ずしも嚙み合わず、実りあるものとはならなかった。これについてはまた後章で触れる。

「では、次にabc《アーベーセー》のc《セ》、cの後にa《ア》・o《オー》・u《ウ》が続くときはk《カ》〔ka〕、例えばcasa《カーザ》（家）、e《エ》・i《イー》が来ればs《エス》〔ɛs〕、例えばcidade《スィダーデ》（都市）となる。ただしcedilha《セディーリャ》の記号（¸）が付くと、ça《サ》・ço《ソ》・çu《ス》となり、やはりsと発音する。例えばpaçco《パソ》（宮殿）。以上前回学習分を復習《さら》い申した。本日は短い文の読みに入ると致そう」

太兵衛は桔梗屋の居間でルシアと対座している。彼女にポルトガル語の手解《てほど》きをしているのである。ハビアンに頼まれて始めたことだが、ルシアは呑込《のみこ》みが早く、教師として教え甲斐《がい》があった。五条の下京教会に近い内藤ジュリアの修道会から、上立売の桔梗屋まで通い出して二か月になる。神学の方は、ハビアンの宗務活動が忙しく、まだ始まっていない。

ある日稽古後の茶飲み話で、高野山から持ち帰った十字架《クルス》のことが話題になると、

「あァ、それやったらお師匠様に伺ってみます。お師匠様はお公家様方をよう御存知でございます」

ルシアは公家衆に知己の多い京極マリアに、九条家に再嫁した旧主夫人との連絡について相談してみると言ったのである。彼女はマリアに近侍して日も浅く、マリアの親族関係の豊かさを未だよく知らなかった。

マリアが伝手《つて》を頼って申し入れ、間もなく九条家から許可が出た。九条家は近衛と並ぶ摂関家の権門だが、この頃の公家は意外に開放的で、町衆や一般市民とも気軽に接した。九条家の当主忠栄の正室完子《さだこ》にお目通り《めどう》りを許された太兵衛は、晩秋の一日、堺町御門内の九条邸に伺候した。

「お久しゅうございます。橋本太兵衛にございます。久方振りにて御尊顔を拝し、御方様《かたさま》にはお変わりも無く、恐悦至極に存じます」

「まことに、まことに久しいのう。そなたも壮健の様子にて何よりじゃ」

型通りの挨拶の後、太兵衛は早速用向きの話に入った。

実の所、太兵衛は長年君側に在ったとは言え、完子が輿入《こしい》れして間もなく関ヶ原戦が起こったので、新夫人に親近するゆとりがあまり無く、むしろたえの方が夫人とは気心《きごころ》が通じていた。またマリアからは「願いの条有之《すじこれあり》」と申し出ており、座敷の一隅には九条家の老臣も控えていることとて、ここで徒《いたずら》に懐旧の情に浸っているわけには行かなかったのだ。

高野山での秀信最期の模様、墓域の状況等報告した後、太兵衛は袱紗《ふくさ》に包んだクルスを取り出し、完子の前に差し出した。

「これは唯今申し上げました、故殿《ことの》御所持のクルスでござります。過ぎし日の御追憶の印《しるし》としてお収め賜わらば、故殿のお喜び如何許《いかばかり》かと存じます」

あたりを憚《はばか》り、一語一語に慎重な太兵衛であった。

「然様《さよう》じゃな。よう分かった。そなたの心遣いを無にせぬよう、何時までも手許《てもと》に置いて、思い出の縁《よすが》とすることと致そう」

完子とて今は九条家の人、最小限の言葉で旧臣の願いに応える他はなかった。

銀のクロスを手に取ってしげしげと眺める前夫人の姿に、太兵衛は万腔《まんこう》の思いを込めつつも、肩の荷を下ろした気分であった。

㈢ 京《みやこ》キリシタンの人びと（下）

この年（慶長十一年）も寒い季節を迎える頃、桔梗屋に第二子が生まれた。今度は女の子だった。母親のたえはどういうわけか、前にも増してこの子の誕生を喜んだ。何か運命的なものを予感したのだろうか。了善がはるといと名付けたが、後に洗礼名カタリナとなる。丸々と肥った元気な赤子であった。

話は前後するが、同じ年の六月半ば、俳人の松永貞徳に案内され、弟信澄と共に訪れた林羅山に、ハビアンは宗教論争を仕掛けられた。場所は下京教会、居合わせた多数の会衆の面前であった。羅山は下京の四条新町の生まれなので、その直ぐ南にある下京教会の活動の模様は、常々よく知っていたと思われる。それにしても、この時期に彼がハビアンとの対決を決意したのは、やはり家康の意向を受けた上での行動だったのではなかろうか。当時羅山は二十四歳、対するハビアン四十二歳、ハビアンと同じく、羅山も少年時代に建仁寺で学んでいる。いかに立場が異なるとは言え、問答の様子を見ると、羅山の態度は高圧的で、年長の先学への礼を失《しっ》している。『排耶蘇《はいやそ》』は問答の内容を示した羅山側の記録だが、記述がかなり一方的で公平を欠く。

春（＝羅山）問うて曰く、利瑪竇《りまとう》（耶蘇会者）、「天地、鬼神及び人の霊魂、始めあり終りなし」と。吾《われ》信ぜず。始めあればすなはち終りあり。始めなく終りなきは可なり。始めあり終りなきは不可なり。しかもまた、ことに証すべきものあるか。干（＝ハビアン）答ふること能《あた》はず。春曰く、天主、天地万物を造ると云々《うんぬん》。天主を造る者は誰ぞや。干曰く、天主始めなく終りなし。天地を造作と曰《い》ふ。天主を始めなく終りなしと曰ふ。かくの如きの遁辞《とんじ》、弁ぜずして明らかなるべきなり。

これは『排耶蘇』の文中、核心的部分と考えられる記述である。特に利竇瑪《りまとう》（マテオ・リッチ）の言葉として引用されている、天地・鬼神（悪魔《デーモン》）・人の霊魂には、始まりはあっても終わりは無いという個条は、キリスト教の教義の根幹を成す思想である。人の霊魂《アニマ》は死後も滅することなく、永遠の生命を得るか、無限の責め苦を受けるかは、キリスト教徒の重大問題である。しかし羅山は、これを論理的に矛盾するとして否定する。始めがあれば終わりがあり、始めが無ければ終わりも無い。天主が天地万物を造ったと言うが、それなら天主は誰が造ったのか。そう問えば、いやいや、天主には始めも無ければ終わりも無いのだと言う。言うことがまるで一貫していない。これでは話にならぬではないか。

文中「春」とあるのは羅山の発言、「干」とあるのはハビアンの発言部分である（羅山出家後の名乗り道春、ハビアンは不干斎から、それぞれ一字を取った)。

『排耶蘇』には、この他二人が地球図、天球図を前にして、天地の上下・東西に関わる問答を重ねるところがある。地球を球体と考え、上下・東西の区別を相対的なものとするハビアンに対して、羅山はこれを否定し、上下・東西の方向は一定しており、変わることは無いとの主張を崩さない。天地に関する認識の違いは二人の教養の違いであろう。イエズス会のコレジオ等で、ヨーロッパの天文や地理学を学んだハビアンと、中国古来の学説を固執する羅山の、言わば学的系譜の違いでもある。しかし比較的短時間で終わる問答の内容を見ると、取り上げられているのは宗教と言うよりは広義の哲学、信仰と言うよりは学識の問題であって、如何《いか》にもこの理論家の二人に相応《ふさわ》しい。この後羅山は天海・崇伝に続いて将軍家の政治顧問となり、朱子学を以て精神的に幕藩体制を支える。『排耶蘇』では、ハビアン側の発言がよく分からないのだが、後半生に於ける彼の唐突な転身を併せ考えると、この時の羅山との問答は、ハビアンの心境に何らかの影響を及ぼしたのではないか、そんな印象が拭えない。対論は両者の主張が嚙み合わず、宗教論としての内容も乏しかった。しかし、その後間もなくハビアンは教団を離れる。

ところで、先《さき》にマグダレナの葬儀によって起こった仏教側の騒ぎは、まだその余波が続いていた。仏僧らは朽木家を初め各武家や公家の一部にまで、キリシタンの非を説いて回った。葬儀ではマリアに譲った朽木家も、堪《たま》り兼ねて高次に、マリアを信仰から引き離すように迫った。しかしながら、今は亡き夫高吉と共に受洗し、実子を含めて身内を次々と入信させた上、今や自らの周囲に、信徒の輪を拡げることに執心するかの如き母親に、棄教を勧めることなど出来るはずも無かった。

「母上様、京はあれ以来中々騒ぎが収まりませせぬ。幸い小浜《おばま》の城も修築成りし模様にござりますれば、われらと共にお移り下さりませ」

弟高知とも相談して、恐る恐る切り出してみた。

近江源氏の名族として室町幕府を支えた京極氏を、秀吉や家康は尊重した。秀吉は浅井三姉妹の二女初を京極の当主高次に嫁《とつ》がせ、家康は秀忠の四女初姫が高次の養女となり、次いで嫡男忠高の室となることを認めた。マリアが浅井の出であることは承知の上で、京極家を重視したのであろう。キリシタンには必ずしも好意的であるとは思えない家康が、このままマリアの活動を放任して置くであろうか。仏僧らが如何に騒ごうと、それに屈することはないが、幕府側がこれを口実に、京極家の存立に干渉を始めたりしては困るのである。こうした思いは、マリアも高次らと同じ、と言うより、それ以上に強く意識していることであった。そもそも、かって亡夫高吉と共に入信した時の動機は、有《あ》り体《てい》に言えば、自分一個の救済と言うより京極家の再興、更に言えば、浅井家滅亡の無念と鎮魂であった。見当はずれかも知れないが、少なくとも入信当時、マリアにとっては先祖供養の一環であったのだ。その信心が逆効果を招いては元も子も無い。

マリアは大坂のオルガンティーノを訪ねて、若狭への退隠を報告した。

「それはそれはお名残惜しい。ワカサでもデウス様を念じて、ミアコに変わらず、多くの人にキリシトの教えを伝えるとのこと。そのお気持ちが何よりのことと思います。実は私も間もなくナガサキへ行きます。上からの指図です。私も年を取りました。この次は天国《パライソ》で会いましょう」

もう七十半ばを越すと思われる老神父とは、

〈確かにこれが今生《こんじょう》の別れ〉

と思うと、マリアは思わず目頭《めがしら》を押さえた。顧みれば、初めて神父の説教を聴いたのは、築城間もない安土の城下であった。受洗したのもその頃である。以後三十年を越える歳月に、信長・秀吉の両者共に逝き、今は家康の天下。その間、オルガンティーノ神父はフロイス師の後《あと》を承けて、都《みやこ》地方の布教長となり、教勢の拡大に大きな足跡を残した。信長・

秀吉という天下人に、来日した宣教師《パードレ》中、最も親近したのもこの人であった。天正十五年（一五八七）、秀吉の追放令を受けて小豆島《しょうど》、次いで播州室《むろ》の津に潜伏し、太閤の死後、こうして時折大坂に出て布教を続けていたのである。今も変わらず長身ながら、少し腰が曲がり、足取りも覚束《おぼつか》無かった。しかし持ち前の温顔と優しい声音《こわね》は、昔と同じくマリアの心を癒《いや》した。

〈京での信仰生活が若狭で変わるわけではない。むしろ私が神父様に代わる覚悟で、地元の人びとに御教《みおし》えを伝えて行こう〉

バテレン追放令以後、オルガンティーノ神父にはあまり会えなくなったけれども、何時でも会える所に潜伏しているという安心感があった。しかし、これからはそうは行かぬと思う、その心細さを押し退《の》けるように、マリアはきりっと心を極《き》めるのだった。

要所、要所に挨拶を済ませ、爽やかな晩秋の一日、二、三の従者と共にマリアは京を離れた。途中朽木谷《くつき》に一泊、秀隣寺《しゅうりんじ》でマグダレナの墓前に額《ぬか》ずき、真新《まあたら》しい墓標の周りで時を過ごす。五人の子女の末女《むすめ》が早くも天に召された。薄命の子に、ひたすら祈りを捧げるのみであった。

翌日の午後、小浜《おばま》の町の入口で高次らに迎えられ、城門では初が待っていた。道すがら

夕陽に映える海が見えた。見慣れた近江の湖《うみ》ならぬ荒海の眺めに、

〈これが終《つい》の住み処《か》か〉

無量の思いに暫し駕篭を停める。

後日談になるが、この時の感慨は現実とはならなかった。二年も経たぬうちに高次が死去し、若狭京極家は嫡男忠高に代替わりするからである。次男の高知に迎えられてマリアは丹後に移り、初も城を出て大坂城の姉淀の許《もと》で暮らすようになる。

秀吉のお声掛かりで京極に嫁《か》した初には実子が無く、忠高ら男子二人は庶流であった。養女の古奈姫は氏家行広の女《むすめ》、高次の姪であるが、縁あって公家の今出川（菊亭）経季の室となる。夫の没後、居場所を失ったかに見える初が、実家とも言うべき姉の所に戻ったのは、そんな人間関係からであったのかも知れない。当初マリアは初によって、浅井の血が京極に生かされることを期待した。その願いは叶わなかったとは言え、将軍秀忠の（即ち小督《おごう》の）女《むすめ》初姫が忠高室となるに及び、半ば達成されたとも言える。

丹後に移ったマリアは、どういうわけか宮津の高知《たかとも》の城には入らず、草深い田舎の庵室で、地元の住民を相手に布教と祈りの日々を送った。高知は兄と異なり、早くから母の勧めに従ってキリシタンになっていたから、老母との別居を望むはずもなく、恐らくマリア

の方から自由な立場で信仰を貫く途を選んだのであろう。それにしても元和《げんな》二年（一六一六）、皇弟八条宮智仁《としひと》親王が天橋立《あまのはしだて》見物の折、城中で高知の長女常子《のぶこ》の接待を受け、妃《きさき》にと望まれて皇室との縁《ゆかり》が生じたことは、マリアにとって大きな慰めとなったに違いない。後に桂宮となるこの宮家は、元禄時代には京極宮と称した。八条宮妃となった常子は、宮家の別業《べっそう》桂離宮の普請に関しても親王に協力して並ならぬ熱意と才能を示した。親王は当時の代表的文化人細川幽斎から、古今伝授《こきんでんじゅ》を受ける程の教養人であったから、その人に見込まれた常子は、それなりの資質を具えた女性だったのであろう。庭園内に見られるキリシタン灯籠や織部灯籠は、彼女の創意になるものか？

※兵庫県豊岡市の京極家墓所にマリアの墓がある。養福院殿法山寿慶大禅定尼との法号から、俗名には「慶」の一字があったものと考えられる。

マリアが若狭へ去って、残されたルシアは外出するよりも修道会に籠もることが多くなった。貞潔・清貧・従順の三大誓願の下《もと》に祈りの生活を送る修道会では、本来の宗教活動に加え、薬草園や野菜畑の作業、さまざまな手仕事など、やるべきことはいくらでもあった。それでも彼女は太兵衛の許へは欠かさず語学の修練に通って来た。また時にはハビアンに随《したが》って、京《きょう》内外の布教に加わることもあった。ハビアンは上京教会のミサで、内藤ジ

ユリアと落ち合うことがあると、いつも彼女を話題にし、

「何れ修道会を託せる人」

とジュリアに推奨するのであった。


来日三回、前後九年に及ぶ日本滞在で、この国の布教の進展に大きな足跡を残した巡察師ヴァリニャーノ。その後《あと》を承け、伝道組織の引緊めや日本人教師の育成に努めた司教セルケイラは、来日以来まだ日本の支配者（将軍家康）に会ったことが無かった。低迷している教勢を回復するためにも、一度会っておかなくてはならぬと思うのだった。そこで先ず日本語の達者な（ツズ・ジョアン）ロドリゲスに、献上品の大時計を持たせて先発させ、家康の意向を確かめた上で慶長十一年、長崎奉行小笠原一庵の先導により将軍への公式訪問に出発した。伏見城に於ける謁見の首尾は上々だった。日本司教の身分と権限、謁見がもたらす通商上の有利等についての一庵の説明が効を奏して、家康は終始上機嫌であった。ロドリゲスは過去に何度も家康に面接して、その人柄を信頼されており、彼の事前の交渉も効果があったのであろう。外国使臣としての鄭重な扱いを受けた。「ゆるゆると京見物をして行くがよかろう」とのお声掛かりで、近臣の本多正純と京都奉行板倉勝重が案内役

を務めた。

司教の京都滞在は京の信徒を喜ばせ、司教の堅信《コンヒルマサン》の秘蹟を望む者が続出、京見物どころではない騒ぎになった。若狭へ去る前の京極マリアも、この時司教からコンヒルマサンを受け、離京の侘しさを忘れている。

この様子を見て、日本準管区長フランシスコ・パジオ（慶長十四年からは新設の日本管区長）は、翌十二年五月、ロドリゲスを伴ない長崎を発した。途中京都で布教長モレホンとイルマン・ハビアンを加え駿府に向かう。当時伏見から駿府に戻っていた家康は、今回もロドリゲスや本多正純らの努力によって、パジオら一行に好意的であった。ハビアンの『妙貞問答』が正純に呈上されたのはこの時で、正純はハビアンに内容についてさまざまの質問をしたと言う。一行は更に江戸に向かい、将軍秀忠に謁見する。秀忠は工事中の江戸城の見学を許し、献上された大時計の据付けと、その複雑な性能の説明を求めた。江戸でも好遇されたパジオらは、今後展開される徳川家のキリシタン政策に希望を抱《いだ》いた。帰路立ち寄った京・大坂では多くの信徒に歓迎を受け、秀頼母子にも謁見を果した。広島・小倉・秋月・柳河・久留米等、長崎までの各地でももてなしを受けたのは、キリシタン大名の領地であるないに拘らず、徳川将軍家の出方《でかた》を注視した上での各地領主の応待だったのであろう。五か月ぶりに長崎に帰着した一行は、旅行の成果に満足し、前年の司教謁見と併せて、今後将軍家は宣教の自由を認め、教団の活動を保護してくれるものと楽観したのである。残念ながら、それは甘かった。無風（に見える）状態が続くのは精《せい》ぜい五年くらいで、その後は激しい禁教の嵐が吹き始めるのだ。

当初家康がキリシタンの動きを静観し、且つ黙認したのは、キリシタンを認めたからではなかった。彼の当面の関心は豊臣家の覆滅にあり、そのための財力の確保にあった。南蛮貿易と鉱山の開発は財力確保の有効な手段だったから、そこに宣教師らを利用する必要があったのである。天下掌握の目的が達成されれば、最早キリシタンに配慮する理由は無いのだ。

また南蛮交易に、宣教師の活動を利用しようとする家康の態度は、伝道組織の引締めに腐心するセルケイラの立場を、必ずしも利するものではなかった。家康はマニラを拠点とするイスパニア系の宣教師らに布教上の便宜を与えたが、それはイエズス会にとっては迷惑な行為であった。一六〇〇年（慶長五年）、教皇クレメンス八世はイエズス会以外の教団にも日本参入を認め、その際はマカオ・長崎航路のポルトガル船によって、イエズス会の事業に協力することを命じた。セルケイラはイエズス会の伝道者であると同時に、ローマ教会の司教でもあったから、カトリック諸教団の宣教師に対しては指導・統括する権限があった。然るに、フランシスコ・ドミニコ・アゴスティーノの各教団は、教皇令を無視し、イエズス会に協力するどころか、競争心を燃やして、それぞれ勝手な行動を取り出したのである。各修道会が統一した行動を取らず、互いに異なるやり方で布教に臨めば、信徒は戸惑い、混乱し、対立・抗争さえ起こし兼ねない。そのような伝道上の疎隔が生じることは、何としても避けなければならぬ、というのが司教セルケイラの伝道組織引締めの考えであった。

セルケイラの悩みは他にもあった。それは新教国オランダ・イギリスのポルトガル船への海賊行為だった。新教国と言っても、彼らの略奪行為には宗教的意味はあまり無く、中国や日本の近海に於けるポルトガル、イスパニアの交易を妨げ、その商権を奪うのが目的だった。イエズス会幹部による二回の謁見の旅は、このような行為の取り締まりを幕府に願うためでもあった。オランダ、次いでイギリスが平戸に商館を設け、正式に対日貿易を始めるのは一六〇九年（慶長十四年）からだが、すでに一六〇〇年にオランダ船リーフデ号が豊後《ぶんご》に漂着、船員のヤン・ヨーステンと英人航海士ウイリアム・アダムズの両名は、日本に定住して家康に仕え、外交顧問を務めた。宗教を介さず貿易のみを求めるオランダとの交流は、家康も望むところであったから、この新権力者が彼らの進言を重視し、カトリック教国の行動に対する虚実取り交ぜての批判に、耳傾けるのは避け難《がた》いことであった。

因《ちなみ》に日本側の記録で、慶長十年ルソン近海にてイギリス船が黒船（ポルトガル船？）を捕らえ、積荷を略奪したところへ、京都立売《たちうり》の商人桔梗屋道円なる者の日本船が行き合わせ、略奪品を買い取って大儲けをしたとあり、京の商人がこれにあやかろうと、以後南蛮交易の船を仕立てる者が急増したと記されている。この記事が太兵衛の桔梗屋と関係があるか否かは不明であるが、皮肉な話もあるものである。ひと頃の八幡《ぱはん》船《せん》のような、日本人自身による海賊行為は無かったかも知れないにせよ、当時南海への交易はまだまだこの種の危険と背中合わせで、貿易船は互いに武装して航海したと言われる。

㈤ スピーノラとハビアン

慶長十三年の秋は冷込みが早く、晩秋には冬のような寒さが続いた。京では老人の体調を崩す者が多く、働き盛りの者も冷たい空気に首を縮《すく》めた。十二月に入って了善が寝込んだ。数日経っても熱が下がらなかった。医者もただ首をひねるばかりだった。了善が息を引き取ったのは、床に就いてから八日目の朝だった。三条の店から看病に通い詰めたさなが、枕許《まくらもと》でついうとうとして仕舞い、気が付いた時には病人の息が無かった。了善生前の行状を反映するかのような、穏やかな死に方だった。母親と共に病間に駈け込んだ太兵衛は、そんな父親の死に顔を見て、何故《なぜ》か不思議な安堵《あんど》感を覚えた。思いがけぬ了善の死に、泣き声を洩らす女たちの中で、太兵衛は涙一つ出なかった。遺言《ゆいごん》というわけではなかったろうが、病床で了善は太兵衛に言った。

「人は誰でも迷うものや。それでもな、信仰は最後まで貫かなあかん」

そんなことを二度も言った。他には何も言い残したことはなかったので、それが跡継ぎへの遺言のつもりだったのかも知れぬ。

後でその言葉を思い出した時、息子は初めて涙を流した。仏門にあきたらず、商賈《しょうこ》の途を辿った了善の心に、再び信仰の灯を点《とも》したのは彼《か》のロレンソであった。以後信仰と銭勘《ぜにかん》定《じょう》の相剋《そうこく》に戸惑いながらの日々であることを、太兵衛は折々父親から聞いていたのだ。

〈これからは自分が全《すべ》ての責任を負って、この綱渡りをこなして行かねばならぬ〉

太兵衛は改めて今後行くべき道の険しさを想うのだった。

教名ミゲールの葬儀ミサは上京教会で行なわれた。尾張へ布教に出ていたモレホン師に代わって、スピーノラ師が司式を務めた。葬儀は極めて簡素で、参加者も十数名の親族の他は、信心仲間数人だけだった。了善は生前、自分の葬式は極力控え目にするようにと語っていたのである。「物事はすべて控え目」というのは了善の持論でもあったが、二年前に盛大に挙行された朽木家マグダレナの葬儀が、予想に反して悪評を招いたことにもよるのであった。死者を手厚く送ることが、キリシタンの宗風《しゅうふう》であることを、世に知らせようとした意図が裏目に出たのである。それでも、その密《ひそ》やかな葬場に香煙が漂い、荘重なオルガンの奏楽が響く中で、スピーノラ神父の低声な祈りの声は、並み居る人びとの心に改めて亡き人への想いを蘇らせるのだった。

イエズス会では、布教の重点を上《かみ》（都）の地方に、それも貴族（武士）の階層に置いていたことはすでに述べた。上陸当初の宣教師らは、この国の社会を観察し、上層階級の動向が民衆を支配すること、上層階級の中心は都にあることを看取したのである。そのため、都の教会には優れた人材を配し教会スタッフの充実を図った。慶長十三年（一六〇八）当時の下京教会には、布教長で修院長を兼ねるモレホンにパードレのスピーノラ、ハビアンら日本人イルマン六名が所属し、上京、伏見、大坂、堺の伝道拠点四か所を統括した。また、これら五か所の総勢は、パードレ五、イルマン十三の人数で、京・大坂のみならず、大和・近江から北陸・濃尾まで布教の範囲を拡げていた。

外人教師の活動を測る目安は、日本語運用の能力にあるのは言うまでもないが、それも含めて、出色《しゅっしょく》の人物はやはりスピーノラであった。慶長十年に着任して以後、上《かみ》の地方の会計担当者《プロクラドール》として、京の教会活動を引き締める役割を果たすと共に、理系の学識を生かして、住民に数学や天文学を教えた。新たな西欧の学問への興味は、やがて公家や武家の人びとをも動かし、学術研究の組織《アカデミヤ》まで作られたと言う。彼の経歴を見てみよう。

カルロ・スピーノラは一五六四年、イタリアのジェノヴァ近郊タッサロロの伯爵家に生まれ、幼少時は枢機卿《カルディナーレ》になった伯父の下《もと》で教育を受けた。少年時代にはイエズス会修道院に入り、生涯を聖職者として、特に東洋での伝道に献身することを決意する。以後ナポリとローマのコレジョで哲学と数学を学ぶ。ローマでは、とりわけ暦数学者のクリストファ・クラヴィウスの教えを受けたことが、彼の学識を深めた。クラヴィウスはグレゴリウス暦の提唱者として知られる。暦数とは天体の運行に基づいて自然と生活のリズムを算定、一年単位の暦にまとめる法と言えようが、スピーノラはこれをデウスの神意に重ねて説き、非信徒の理解を図った。三十才で神父になり、念願の東洋布教の旅に出ようとしたが、家族を初め親族挙《こぞ》って病弱を理由に反対した。しかし彼の決意は変わらず、一五九五年ジェノヴァを出港する。しかし、それからが大変だった。一六〇二年に長崎に上陸するまで七年の歳月を要したのである。何度も海難や海賊に遭い、ブラジルや中米、イギリスに吹き寄せられたりした。その間の苦難は、唐僧鑑真《がんじん》の渡海にも劣らぬものがあったに違いない。上陸後は有馬のコレジョで三年間、日本語の研修をしている。

彼がはるばる日本に来た理由の原点は、信仰のためにイタリアから蛮地へ出かけ、一命を失った人の話を聞いて感動したことにあった。少年時代の一時の興奮とは言え、彼はその気持を最後まで失わなかったのだ。スピーノラに限らず、殉教した人の多くが、多かれ少なかれそのような覚悟を以て渡来したとは、実《まこと》に驚くべきことである。

「『イギリス人は歩きながら考える。フランス人は考えた後で走り出す。そしてスペイン人は、走ってしまった後で考える』。笠信太郎《りゅうしんたろう》『ものの見方について』の冒頭に出てくる一節ですが、著者はこれをスペインの外交官の言葉として引用しています。うろ覚えですが、更に『イタリア人は走った後でも考えない』と、付け加えた人もいたような気がします」

酒井さんは、殉教者の国民性について感想を洩らした。

「イタリア、スペイン等ラテン系の民族が、理性的なゲルマン系に対して、情熱的、悪く言えば直情的な国民性であることは否定できません。彼らが残酷な処刑覚悟で来日し、実際にも苦痛に耐えて昇天して行った事実は、これを国民性、乃至は民族性の観点から、客観的に解釈する余地もあるのやないか、つまり、こういうことができるのは、個人的な信仰や信念だけでなく、民族的資質にもよるのではないか、そんな風に思うのです」

「そうすると、日本人の殉教者はどうなりますか」

私は当然の疑問を呈した。

「問題はそこです。今お話しした筆法で行けば、日本人もラテン式になるのでしょうが、果してそうかと言えば疑問があります。日本人はバテレンと違い、宣教という使命があるわけではなく、一般的には受身の存在でしょう。そもそも覚悟と意気込みが違います。それでも、バテレンと共に殉教した事実をどう考えるか、迷わざるを得ません」

話が本筋を逸《そ》れたようだが、もう少し酒井さんの意見を聞いてみたい。これはキリシタンの遺跡をめぐって一緒に西ノ京を歩いた後で、食事をしながら彼が話したことである。

「国民性と言うなら、日本人は確かにラテン系に近く、ゲルマンやスラブからは遠いでしょう。しかし殉教の問題と絡めれば、日本人は必ずしも彼らと同じではない。『彼《あ》の世』志向という点で仏教思想が滲透した歴史はあるとは言え、日本人は本来《現世利益《げんぜりやく》》を求める国民で、キリシタンの天国志向には馴染《なじ》まない、と言えるかも知れません。キリシタンの『殉教』を、日本人の精神史にどう位置付けるか、他の類似の出来事と比較しながら、慎重に考える必要があります」

「『類似の出来事』と言いますと？」

「例えば、北陸や伊勢長島の一向一揆《いっこういっき》、あるいは島原の乱ですね。共に宗教紛争と呼ばれ、念仏を唱えつつ突進して来る農民の勢いに、さすがの武将らも攻めあぐねたと言われます。宗教的信念に凝り固まった人間の強さを示す例に挙げられますが、これらの乱の実態は領主の苛政に対する反抗であったと視ることができます。そこで、この視点をキリシタンの殉教者に移してみると、どうなるでしょうか。同じキリシタンでも、島原の場合とはどうも様子が違います。その理由は言うまでもなく、殉教者が徒党を組んでいない点にあります」

この後で酒井さんは以下のように付け加えた——幕府は禁制後、キリシタン関係のあらゆる資料を徹底的に湮滅《いんめつ》した。現在研究者が利用できる文献資料は、殆どが海外の、特にラテン系諸国の関係者による記録である。その結果、どうしても記述が一方的になり、時には正確を欠くことにさえ成り兼ねない。とりわけ宣教師《バードレ》の報告書にその傾向が見られるので、これを無批判に読むのは禁物である。聖職者にもそれなりに心の葛藤があったのではなかろうか。

「私は異教徒ですから敢えてこういうことを言うのですが、殉教者の心打たれる物語の陰に、いかに多くの棄教者や背教者の悲喜劇があったか、想像以上のものがあったと思うのです。一般の住民がバテレンを忌避《きひ》するのは当然だった。異様な姿の外人が、たどたどしい言葉で説く教えを、そのまま受け容れる人がどれ程いたでしょうか。いたとしてもロレンソのように、真に心の渇きからではなく、中途半端な気持でしか無かった人は所詮は脱落して行ったのです。それにも拘《かかわ》らず、何万、何十万という改宗者の数字を挙げるのは腑《ふ》に落ちません」

キリシタンの信仰に関して、日本人は確かに受身の立場であった。しかし、そうではなく、自らの選択に於いて信徒となり、最後まで信仰を貫いた強信の人びとがいたことも事実である。見慣れぬ異人の教えであり、初めは受身であったには違いないが、一度《ひとたび》納得すれば、周囲の思《おも》わくを離れ、自分一個の判断で積極的に行動する。

「そういう人物が出てくるのは、本人の資質や生育の環境に加えて、やはり教育の力、その衝《しょう》に当たった教師たちの、熱意と人格によるのかも知れません」

方広寺門前の伏見街道沿いに、近頃大仏餅と称して甘いものを売る店ができた。漉《こ》し餡《あん》を白い薄皮で包んだだけの、何の変てつもない餅菓子だが、意外に上品な味で客足が絶えなかった。店の者の話では、ここの主《あるじ》は元誓願寺前の大仏餅屋で働いていたことがあると言う。

東山の緑がかなり濃くなった頃の昼下がり、長身の武家が一人、店先の床几《しょうぎ》に腰を下ろした。大仏餅を運んで来た茶汲み女は、深編み笠を取った武家の顔を見て〈おや〉と思った。それはハビアンだったからである。甘党のハビアンは、伏見街道を通る時、必ずこの店に立ち寄って餅を注文したから、女は彼の顔を覚えていたのである。彼はふだん殊更バテレン風の服装を避けていたが、それでも一般と異なる雰囲気は隠せなかった。それが大小差した姿で現われたのだ。暫くして武士は立ち上がり、街道を南へ向かって歩き出した。するとと店の奥から、若い女性客が一人、後を追うように出てきて同じく南へ向かった。先へ行くハビアンとの間隔は五、六間《けん》(一〇メートル余り)、そのまま伏見の宿まで行くのである。旅姿の女性はルシア、人目を忍ぶような行動は、二人が単なる布教の旅に出るのではないことを予感させる。

ハビアンは今朝下京教会のカザ（住院）を出てから、高台寺の母親の許《もと》に寄り、暫く旅に出る旨を伝えて来たのである。ルシアの方はまだ暗いうちにベアタス会を出て、何処で時間を過ごしたのか、昼時に大仏餅屋に入り、体調を口実に今まで店の奥で休んでいたのだ。ベアタス会ではジュリアを初め、居なくなったルシアの行方《ゆくえ》を案じていた。

二人はその夜、伏見の町中を通り抜けて、豊後橋《ぶんごばし》近くの小さな旅籠《はたご》に泊った。翌日は出来れば木津まで行くつもりだった。

二人の計画では、取り敢えず木津に居て、今後の暮らしの可能性を探ること、奈良には二人共伝手《つて》があったが、この仏教都市に住み着けるか否かが問題だった。ここで「今後の暮らし」とあるのは、彼らが奈良で新たな生活を始める考えであることを示す。それなら、これまでの暮らしはどうするのか。そう、二人は過去を捨てたのだ。

奈良にはルシアの母方の叔母が嫁いだ寺があった。この叔母は高山（右近）家が高槻《たかつき》城主だった時代に、姪のルシアをひどく可愛がってくれた人である。浄土真宗本覚寺、高《たか》畑《ばたけ》のその寺を訪ねたルシアを、叔母は喜んで迎えてくれた。久方振りに見る姪の成長した姿を、初めは珍しそうに眺めているだけだったが、事情を聞いているうちに次第に表情が緩《ゆる》み、

「それはそれはえらいことや、おじゅつさんに聞いてみるさかい」

と言って、一旦奥へ引っ込んだ。この叔母は娘時代、キリシタン大名高山右近の家中《かちゅう》にあって、家族が大勢《たいせい》に従い信徒となる中《なか》、独り入信を拒み、殊更仏僧の許に嫁いだのだ。ルシアはそれを母親から聞いていたので、今回この叔母を頼ったのである。

叔母の説得が功を奏したのか、結局寺の住持（＝おじゅつさん）も納得し、彼女を自室に呼んで、

「当分は寺に居て、叔母はんの仕事でも手伝いなはれ」

と言ってくれた。ただし、

「その男はんはあかんで。ハビアン言う人や。キリシタンでも有名なお人やて、わしらの耳にも入っとるがな」

その夜木津の旅宿で、ルシアは今日の結果をハビアンに告げた。ハビアンも遠縁に当たる奈良市内の書道具店の話をする。この店は奈良布教の際、すでに二度程宿泊したことがあるのだが、別にキリシタンの信徒ではなかった。筆・墨を扱う商売柄武家や僧侶の出入りが多く、古い文書類《もんじょ》が持ち込まれる例も少なくなかったので、ハビアンのような学識ある者が店に居ることは決して邪魔にはならなかった。店の主《あるじ》は奥の一間《ひとま》をハビアンの室と

定め、「あまり外には出歩かんといとくれやす」と念を押した。

奈良には仏教系の大寺院が多いとは言え、京都のように法華宗の勢力が強いわけではなかったので、二人は世間の風圧をあまり感じることなく、暫くは平穏な日々を過ごした。しかし、無風状態は長くは続かなかった。二人の身辺には、やがて波風が立ち始めるのである。

一六一三年、京から長崎へ転じるスピーノラが、総会長に送った書簡に次の一節がある。

――本来奉仕すべき日本人イルマンたちは、逆に奉仕されたいと思っているかのようだ。大きなカーザ（住院）に住んでいる者たちは、為すべきことも為さず、日々を送っている。

――危難に際して、これら少数のイルマンたちは、われわれを助けるよりは厄介者になっている。同じ日本人の信徒たちが、彼らは霊魂の問題を真剣に考えず、信徒教化の力に欠けるとして、マカオへ送り出すように求めている。

来日後十数年を経て、日本人イルマンに対するスピーノラの見方は厳しさを増す一方だった。こうした傾向は、しかしスピーノラに限らなかった。イルマンを監督する立場のヨーロッパ系宣教師に共通する態度であった。これはどう解釈すべきことだろうか。日本人の側にも言い分はあろう。

京の教会では特に会計係として、スピーノラは所属スタッフの行動を見守らなければならなかった。ハビアンにも時には監督がましいことを言ったかも知れない。ハビアンにはそれが面白くなかった。京の教会では、ハビアンの方が先任であり、年齢的にも殆ど違いが無かった。しかも、当時京を中心とする近畿一円でのハビアンの活動は目覚ましく、本人にもそれなりの自負があったと思われるから、

〈いくらパードレでも、いちいち指し図される必要はない〉

それがハビアンの本音《ほんね》であったろう。

そもそもハビアンには、自分がいつまでもイルマン（修道士）であって、パードレに叙階されないのは不当だ、という不満があった。それは人種的差別だとの思いもあった。その一方、前年に司祭になった木村セバスチァンについて、

「あれには昔（文禄元年）天草のコレジョで、日本の文学を教えたことがある。年令《とし》は同じでもわしは師匠や。その弟子がパードレになっても、わしはあかんのか」

などとルシアに愚痴をこぼしたこともある。〈京の教会活動は自分が背負っているのだ〉と思えば思う程、イエズス会の上長に対するハビアンの怨念は募るばかりだった。

スピーノラがハビアンを実際にはどう評価していたか、記録は何も残っていない。ただ、ルシアとの噂は耳に入っていて、その処理を考えていた気配がある。京極マリアが京を去ってから、ハビアンはルシアを連れ歩くようになり、それが噂になっていたのである。事実太兵衛の所にも、彼女は最近あまり顔を見せなくなっていた。二人は男女の仲になったのだろうか。太兵衛もそれが気掛かりだった。

イエズス会でも、外地での会員の女犯《にょぼん》の問題には神経を使っていた。聖職者と言えども生身の人間である。異国に於ける厳しい暮らしのなかで、志操堅固に過ごすことが如何《いか》に困難か、よく分かっているが故に、尚更戒律が強調されるのだが、実際にはしばしば逸脱が起こる。

ハビアンの場合、ここは外地ではないにしても、それだけに彼の一挙一動が信徒に及ぼす影響は大きく、教会としても無関心ではいられなかった。

二人が姿を消してから半月後、京のモレホン布教長に宛てて、ハビアンのイエズス会脱会届が送られて来た。差出人の居所の記載は無く、文面は簡単だった。それより早く、べアタス会の内藤ジュリアにも、ルシアの脱会願が届いていた。こちらも差出人居所は不明だったが、文面には入会中の恩恵を感謝し、業半《なか》ばにして教えに背く心苦しさが綿々と綴られていた。

これで彼らの行動の謎は粗方《あらかた》解けた。二人は棄教したのである。何故《なにゆえ》？「メアコのハビアン」と言われ、下京教会を代表するかのような人物が、何故突然信仰を棄てるのか。教会スタッフの多くは、「女だ」と言った。ルシアの方は明らかにハビアンへの思慕が引き金《がね》になったのであろう。しかし、ハビアンもやはり動機は同じだったのか、それとも、恋情《れんじょう》を棄教の踏み台にしたのか、何とも判断し難いところである。

何れにしても、ここでハビアンの棄教は否定し難い事実となった。これに対して太兵衛は、〈やはりそうか〉と思い当たることがあった。「救いの機縁は信じて行なう者にのみ訪れる」、「信仰は行《ぎょう》」との信念を崩さなかった了善は、生前ハビアンの言行に疑問を呈した。今、こういう結果になってみれば、父の疑問は当たっていたと思う他はない。だが、この時太兵衛の心に別の疑問が湧き起こった。

〈自分はどうだ。己れは真《ま》っ当《とう》な信者か！〉

ハビアンの棄教に触発されたかのような自分への疑問は、この後折ある毎に顔を出し、太兵衛を戸惑わせるのだった。

二人の出奔は当然教団の活動に大きな打撃を与えた。ハビアンの知名度の高さが、一層被害の輪を拡げた。後年（一六二〇）反キリシタンの書、『破提宇子《はだいうす》』が出るに及び、ローマのイエズス会はその著者を憎悪した。ハビアンは何故《なにゆえ》そこまでやらなければならなかったのか。それについては、また後章で触れる。


ある日上京教会で、ミサの後にこんな話が出た――近頃西ノ京には住みつく信徒が増えたようだが、当地は上京教会に通うには少し遠く、近くにカペラ（礼拝所）のようなものがあれば便利だ。新設でなくとも、既存の施設で利用できるものはないだろうか。

「それやったら行衛通《ゆきえどおり》の渡唐《ととう》天神はどうや。あこは安楽寺天満宮言うてな、神仏混淆《こんこう》の社《やしろ》やさかい、キリシタンが入ったかて大事無いやろ」

そんな声に押されて、取り敢えず織部灯籠（切支丹灯籠）を寄進し、様子を見ることになった。行衛通はその後天神通《みち》と改称される。御前通《おんまえどおり》と共に、北野天神への参詣道という意味がある。また「渡唐天神」と言うのは、道真《みちざね》公が死後唐《から》に渡り、禅の修行をしたとの伝説によるもので、それ自体すでに神仏習合の産物である。太兵衛は了善に代わり、上京教会の世話役になっていたので、八文字屋、木屋と共に寄進者に名を連ねたが、内心では、信仰の問題にこんなやり方は合わないと思った。これはしかし、太兵衛の認識不足で、北野天満宮に近いこの辺りでは、当時天神信仰とキリシタンとの習合は徐々に進んでおり、会衆からのこうした提案も、その流れの中にあったと見てよい。

灯籠の用途には照明や目標《めじるし》の他、神社や仏前に供えるという使い途もあり、灯籠そのものが礼拝の対象になる場合もあった。その一例が切支丹灯籠である。この場合はキリシタンという事情が絡み、実際の用途は隠され偽装される。例えば、切支丹灯籠は織部灯籠とは別物なのか、織部型灯籠として同一視すべきか、未だに意見が分かれて一定しない。当時キリシタン側から「古田織部殿御好《この》（み）」、即ち織部型として石灯籠が寄進される余地が、そこから生じるのだ。

織部御好みの灯籠が、古田織部の創案に成るものかどうかは確証が無い。しかし織部灯籠の瀟洒《しょうしゃ》な趣は、いかにも茶匠織部にふさわしく、茶庭の装置の一つとして定番となる。それが何故キリシタンと結びつくのか。恐らく、その特殊な形にあるのではなかろうか。即ち竿の部分に特徴があり、正面上部（中台の下）が左右に張り出し、一見十字形《クロス》を連想させる。また竿（石）の下部は地中に埋没し、灯籠の基礎が見えない。更に竿石の正面中央に龕《がん》状の凹みがあり、仏像様の人物像が陽刻されている。面白いのは人物のすねから足許《もと》にかけて、素足《すあし》が露出していることである。一般に神仏の脚部は衣に覆われているのが普通なのだ。この人形《ひとがた》が何を表わすのか、判明すれば織部灯籠の謎が解けるかも知れない。もう一つ謎めいたものがあるのは、十字形の中心に刻まれた意味不明の記号である。西洋文字《アルファベット》を組み合わせたように見える記号は、とりわけキリシタンとの関連を想起させるのである。

㈤ 西ノ京天神通《みち》

一条西大路の地蔵院前で車《タクシー》を降りる。一条通側の薬医門から寺内に入る。門内左側の墓地に対して、右側に本堂があり、その前庭に《五色の散り椿》があった。所謂《いわゆる》「太閤お手植え」の椿である。通称「椿寺」はこの名木に因む。境内南端に地蔵堂、その西側に観音堂が見えるが、今日も同行してくれている酒井さんは、観音堂裏の墓地にキリシタンの墓石一基があると言う。近付いて見ると、墓はがっしりした台石の上に載せた随分小型の「かまぼこ型」で、確かにキリシタン信徒の墓である。刻まれた文字は磨滅して読めない。墓石の手前正面（縦断面）が円く抉《えぐ》られたようになっているのは、この墓石がもとは茶室の手水鉢《ちょうずばち》として使われていたという、寺伝を証するものであろう。茶室と言えば、この名木にまつわる利休絡みの話がある。堺の町人で利休の高弟であった百舌鳥屋《もずや》宗安《そうあん》の住居がこの辺りにあり、北野大茶会の後突然訪ねて来た太閤をもてなす懐石の座で、同席していた地蔵院の住職が、太閤に何か記念の手植えをと望んだところ、それなら加藤清正が朝鮮から持ち帰った名木の椿を、ということになったと言う次第である。問題はその時給仕を務めた宗安の妻女で、その美しさに魅された太閤は早速側妻《そばめ》にと申し入れたが、この女性は実は千利休の娘で、剛直な利休はこれを断わり、利休切腹の遠因となったとの話が伝えられている。

今までに発見されている数少ないキリシタン墓石は、その殆どが京大の博物館に収蔵されている（他に少数例が京都国立博構内他）が、墓碑の形式にはかまぼこ型と「光背型《こうはい》」がある。光背型は日本風の立石式だが、かまぼこ型はそれを倒して横たえ、上面をかまぼこ型にふくらませたものだ。現代では西洋でもあまり見ない形式である。墓碑の年記が現在判明している限りでは、すべて慶長年間になっているのは、幕府の禁教政策が慶長十七年頃から厳しくなったことを示すものであろう。

季節は今四月、八重椿はまだかなり残っているが盛りは過ぎている。そう思ったら、

「寒椿の季節は過ぎましたが、ここの八重椿はこれからが盛りだそうですよ」

と酒井さんが訂正してくれた。改めて見直すと、椿としては珍しい大樹であることを再認識する。

一条通(旧仁和寺街道)を東へ向かう。紙屋川を渡る。この小川は北野社辺りから下流を天神川と名称を変える。細流となった小川《こがわ》と異なり、こちらは両岸の覆《お》い被《かぶ》さるような繁みの下を、まだ淙々《そうそう》と水が流れている。

天神通《みち》の辻までは僅かな距離だ。角の北側に大将軍八神社、南側に成願寺《じょうがんじ》がある。この成願寺にもキリシタン墓碑があった。地蔵院と同じく手水鉢としていたのを発見され、形式もかまぼこ型だが、年記は慶長十四年とはっきりしている。ここには他に慶長十八年の墓碑もあり、共に京大博物館に収蔵。他日京大へ行ってみることにする。

向かいの大将軍社の境内に入る。いかにも神道の社《やしろ》にふさわしい清浄な空気が漲《みなぎ》り、思わず柏手《かしわで》を打って拝礼したくなる雰囲気があった。小じんまりした神域を隅ずみまで念入りに手入れしている、神社の関係者の心ばえが偲ばれる。朱一色の本殿と付属舎が周囲の木立《こだち》の緑に映えて、重厚で美しい異界を現出している。なお、この界隈が大将軍と呼ばれるのは、八神社の社名に因む。

天神通を南に下だると、道幅が広くなって選仏寺の前に出る。確かこの辺にキリシタン墓碑が出た浄光寺が、と思って探したが見当たらない。選仏寺に入って訊いても知らぬと言う。ところが偶然通り掛かった中年の婦人が、目の前の児童公園を指して、

「老父の話では、昔ここに浄光寺があったが、明治年間に廃寺となったと聞いてます」

と教えてくれた。迂闊《うかつ》にも現存の寺だと思っていた当方の勘違いだった。京では寺社の興廃が激しいから、古いことを調べるなら、先ずその存否を確かめなければならぬと痛感する。後で調べたところでは、墓碑が一基発見されたのは、廃寺になってから以後のことだそうである。

公園の真向かいに由緒ありげな長屋門があった。選仏寺の塀の白壁と相俟って、一種時代がかった眺めである。長さ十メートルはあろうかと思われる茅葺きの長屋門を、酒井さんが入って行く。門内は正面に二階建ての古い建物があり、玄関脇に〈根元蘇命散〉の札が下がっている。江戸時代の医家の形式を伝える建築だ。市の文化財に指定されているが、維持費の負担が大きく、個人では賄い切れないので、市の補助についてもっと考えて欲しい。応対に出たこの屋敷の女性が、頻りに酒井さんに訴えられる。文化財に指定された建築物の所有者が、昨今一様に抱える悩みなのであろう。

この奥渓《おくたに》家は代々仁和寺門跡《もんぜき》の侍医を務める名家、遠祖は豊後の国主大友宗麟《そうりん》である。宗麟の孫、奥渓中庵が東福門院和子《まさこ》の侍医として京に居住、門院没後は西ノ京の下屋敷(現住居)に退隠、医業の傍ら薬草園を営む。中庵の父大友義統《よしむね》は夫人ジュスタと共にキリシタンだったから、中庵がこの地に居を構えたのは、何かそれとの関連を想わせる。

以上、酒井さんの解説を聞きながら、さらに天神通を南に向かい、下立売《しもたちうり》の少し手前、右側に古びた石の鳥居を見つけて足を止める。文子《あやこ》天満宮の額が掛かっている。

「ここが北野天満宮の旧一《いち》の保《ほ》社《しゃ》跡です」

酒井さんはそう言いながら中に入って行った。内側から見ると、鳥居の両脇は数本の石柱で外部と区切られているが、さらにその両側には民家が迫り、社殿の裏も直ぐに民家である。境内と言うには巾も奥行きも無い狭さで、そこにこぢんまりした社殿が建っている。正直に言って、これも社殿と言える程の造りではない。全体にうらぶれた印象を受けるのは、どういうわけなのだろうか。

大正年間に西ノ京一帯で発見されたキリシタン墓碑の跡を尋ねて、この日私がここに来た目的の一つは、旧一の保社の跡地を調べることであった。残念ながら、これでは何の手掛かりも得られない。

丸太町《まるたまち》通まで一旦《いったん》下がって、小さな喫茶店で一休みする。

「旧一の保社の境内は今より遥《はる》かに広かったと思います。古い絵図（西之京安楽寺子規《ほととぎす》天満宮御境内附四方通抜近道之図）を見ると、広い境内に多くの建物があり、参詣人等で賑わっています。明治六年に北野天満宮に統合されるまでは、北野御供所七保の筆頭として地域の尊崇を集めたようです。神仏習合により安楽寺とも呼ばれ、時鳥《ほととぎす》の扁額《へんがく》があったことから「子規《ほととぎす》の天神」とも言われていました。この社《やしろ》と共に北野社に移された文子《あやこ》天満宮は、道真の乳母であった多治比文子《たじひのあやこ》が、道真没後その託宣《たくせん》を受けて創始した小祠で、一の保社より南の同じ北町《きたちょう》にありました。この両社がその後再び一の保社の旧地に戻されたのが、現在の文子天神社なのです。ただし、これらの伝承には北野天神縁起《えんぎ》を初め、いくつかの異説があるようです」

酒井さんはいろいろ調べてきたことを話してくれる。

「北野御供所七保と言うのは何のことですか」

「御供所とは、文字通りお供《そな》え物を初め、北野本社のさまざまな雑事の御奉仕をする所で、同時に末社でもあるわけですが、それが七か所あったうちで、今は一の保社以外の六保はありません。その一保社も現在は単独の神社で、恐らく御供所の役割は果していないでしょう」

私が一の保社の旧地を見たいと思ったのは、キリシタンの研究家でもある美術史家、西村貞《てい》氏の「京衆とキリシタン信仰」なる一文を目にしたからである。そこに桔梗屋太兵衛の名を見出したからである。取りあえず記述の一部を左に摘記《てっき》する。

覚《おぼえ》

慶長十五年五月吉日

一　石燈籠　　壹基

奉寄進

右者當社御宝前ニ在置

古田織部殿御好十之内也

葛野郡西ノ京村大臼

正保元年九月

東行西行雲渺々

二月三月日遅々

八文字屋嘉重

木屋　孫四郎

桔梗屋太兵衛

渡唐天神社

後学※　綿屋卯兵衛識

（昭和二十三年「淡交」六ノ九号）

西村氏の解説によれば、右は西ノ京仲保村（現中京区仲保町）の「綿卯《わたう》」こと綿屋卯兵衛という旧家にあった、扁額《へんがく》の内容を書写したものとのことである。額の形は制札（立て札）型だったと言うから、恐らく一の保社にあった制札を綿卯が写し取り、自邸に保存しておいたのであろう。実際、綿卯の住居は西大路《にしおおじ》に面し、一の保社の直ぐ西側になるから、こういうこともやり易かったのだ。正保元年（一六四四）は島原の乱後、キリシタンへの弾圧が一段と激化した頃で、扁額に「後学」と記した初代？の卯兵衛は、当時ある種の危機感を抱《いだ》いていたのかも知れない。

※「後学」としたのは、同信者であることを仄《ほの》めかしたものか。

「ここに『渡唐天神社』とあるのは、やはり一の保社の別名で、『京都坊目誌』の一之保神社の項に、『旧時之《これ》を渡唐天神と号す』と記されています。渡唐天神《ととうてんじん》というのは、没後天神となった道真公が、渡唐して宋の禅僧に教えを受けたとする伝説（前出）に基づき、仙冠《せんかん》と道服を身につけ、梅枝を持った姿で表わされる図像のことです。全国的にもそうですが、京都に天神と名の付く社《やしろ》が多いのは、菅原道真への敬慕、尊崇の念の根強さを表わしていますか。私見ですが、これが神仏混淆《こんこう》となり、やがてはキリシタンとの習合に向かうのも、自然の成り行きなのでしょう」

酒井さんの見解は、キリシタンの信徒が殊更神社に奉納する矛盾への、一つの解釈であるが、何れにしても慶長十五年という奉納の時点は、信徒が「隠れ切支丹」を演じなければならぬ程、事態は緊迫してはいなかった。

寄進された石灯籠には、「古田織部殿御好《おこのみ》十之内也」との付記があり、これが織部型の灯籠であったことが分かる。織部型をキリシタン灯籠と見做す西村氏は、論考《切支丹灯籠について》(『キリシタンと茶道』所収)に於いて、その形体的特徴を五項目にまとめている。これについては、すでに前章で大要を述べたが、補充の意味で紹介して置く。

一、竿石の基部を台石に立てず、そのまま地中に埋め込む。

二、竿石の上部を左右にふくらませ、十字架様の形にする。

三、十字架様の中央に奇妙な記号の彫刻が施《ほどこ》される。

四、竿石の正面下部を彫り凹《くぼ》め異形《いぎょう》の人物像が陽刻される。

五、竿石の両側面に各一行の詩偈《しげ》七言が対句《ついく》になって陰刻される(詩句にはしばしば異様な文字が含まれる)。

しかしながら現在の一の保社には、往時寄進された石灯籠が残っているわけではないので、右の基準は適用できない。ただし、前記「淡交」誌掲載の扁額の写しには、冒頭に七言二行の詩句があり、中に「囸」という異様な文字が含まれている。これは当《まさ》に五番目の項目に当てはまる。西村氏はこの詩句を、道真作の歌に基づくものとし、囸は国《くに》、遅々はうらうらと読むらしいが、全体の句意は定かならずと述べている。西村氏はさらに扁額の文言《もんごん》、「古田織部殿御好十之内也」について、同種の陰刻のある織部灯籠が現存することを、写真を添えて紹介される。竿石の正面に「慶長廿　乙卯《おつぼう》年二月吉日」、背面に「拾之内」とあり、時期的にも一の保社のものと一連の作であると考えられる。写真は不鮮明だが、織部（またはキリシタン）灯籠の条件にほぼ合致《がっち》しているようである。この灯籠は当時（昭和二十三年）溝口健二氏の所有であったらしいが、今はどうなっているのだろうか。

「ここに『葛野《かどの》郡西ノ京村大臼《だいうす》』とありますが、やはりこの一帯がキリシタンの集落だったのでしょうか。墓碑の発見が、今のところ上京の天神通《みち》と、御前通《おんまえどおり》の界隈《かいわい》に集中しているように見えます。京のような大都市では、墓の有無が集落の所在と一致するとは限りません。この辺《へん》にだいうす町があったという確認もされていません。しかし、この『大臼』という表記がどうも気になります」

喫茶店を出て、今度は御前通を丸太町から北に向かう。尼寺の延命寺を訪ねるためである。しかし何処《どこ》まで北上しても見付からず、殆ど一条通まで戻った時、配達中の郵便局員に出合う。「その寺なら丸太町通の近く」と教えられ、元の道を引き返す。目指す寺は丸田町の直ぐ近く、極く普通の民家風の構えだった。二、三段上がった門の脇に、小さな表札で〈延命寺〉とあるのみ、これでは分かるはずがない。門の右側に回って見たが、塀に囲まれて内部は見えない。ただし数日後に再訪した時には門扉が開かれ、小じんまりした境内が見えた。それでも寺内に墓地があるようには思えなかった。

「延命寺は昔一の保社の真向かいにあったと考える人もいるようです。昔は住民が少なかったから、一の保社に限らず、どの社寺も境内は今よりずっと広かったでしょう。でも『坊目誌』には、延命寺は『寺域面積七十七坪九分四厘を有す。今尼僧地なり』と書かれています。しかし、元和の創建時から、こんなに狭かったとは思えません」

酒井さんは禁教厳しい江戸時代に、この尼寺にいったい何が起こったのか、想像する他はないが……と言った。

延命寺発見の墓碑三基については、当時（大正七年）新村出《しんむらいづる》博士による紹介の記述があるので、孫引きながら再録して置く。

――形式は普通の墓石と異なるなし、唯姓名の上に十字の章を刻し、銘字主に平假名を用いたるが、異彩をなすのみ。その中……第一（基）は「平賀太郎左衛門孫いねす、慶長十三年三月十日、さんおのりよの日」とあり。イネスは婦人の法名にてサン・オノリヨは聖ホノリウスとて、墺国《オーストリア》チロルなるブリクセンの僧正の名とす。その命日は陰暦三月十日（陽歴四月二十四日）に当るとのみにて、未だその閲歴《えつれき》を知ること能《あた》わず。第二（基）は「小川扇屋みしや、慶長十五年十一月七日、さんとめいあほすとろの日」と刻す。ミシヤは女人の法名、別にメシヤとも綴ることあり。サン・トメイは聖トーマスにして、アホストロは使徒の葡萄牙《ポルトガル》音なり。この聖徒は陽歴十二月二十一日が命日なれば、慶長十五年にては、陰暦十一月七日と正に合えり。第三基はやはり「小川あふきやの……慶長七年九月……日」と読み得べきが如しと雖《いえど》も、法名らしき假名文字は判ずべからず。

（『南蛮更紗《さらさ》』三九～四〇頁）

延命寺から御前通を北へ、下立売を越えて少し進んだところに、古い尼僧の墓碑があった。それに付随して参道らしきものもある。それらのものが道路脇の民家の片隅に、囲いも無く剝き出しのままになっているのは、何とも妙な眺めである。

「これはもしかしたら、昔の延命寺の墓地の一画が、取り残されたものかも知れません」

酒井さんの言葉に私も同感だった。

再び文子天神社の前に出る。有志の人の熱意で北野社から分祀《ぶんし》され、一の保社と共に旧地に戻されたというが、北野社に合祀された時点で、この土地は恐らく住民の私有地になり、いろいろ転用もされたであろうから、神社の旧地と言っても、今はすっかり様変《さまが》わりしていて当然で、そこにキリシタン時代の面影を求めるのはやはり無理な注文なのだ。

薄暗くなって都心に戻り、恒例の呑み会になる。この夜は四月にしては季節外れの気温で、川辺を歩くと生暖かい空気が頬に触れ、身体が浮き立つような気分になる。

「だいうすの住民は《マリア観音》のアイデアを、渡唐天神から思いついたのではないでしょうか」

酒井さんは壁に掛かる額縁の絵を眺めながら、また習合の話を始めた。額の絵は堂本印象である。彼の考えでは、マリア観音の信仰は、キリシタンにとって単なる隠《かく》れ蓑《みの》ではなく、江戸時代を通じて次第に日本化され、独特の土俗的信仰となって行ったものだというのである。教会は神仏の信心を否定し、信者を厳しく戒めた。しかし指導者を失った信徒らは、独自の途を歩むしかなかった。その際彼らを導いたのは、いわば日本的心性、折《せっ》衷《ちゅう》と習合を繰り返して新たなものを創ろうとする衝動であった。

少し酔いが回った頃、だいうす町の話になった。

「さっきも言いましたけれども、西ノ京にはやはりキリシタンの集落があったと思います。そうでなければ、あれ程はっきりと西ノ京村大臼《だいうす》と書くはずはありません。それに奥渓家の本宅は烏丸《からすま》一条にあるのに、下屋敷をこの地に定めたのは、薬草園を開くためでもあったでしょうが、やはりここが、キリシタン部落の中心地であったことにもよるのでしょう。家祖の以三中庵はキリシタン大名大友宗麟の孫ですが、中庵本人が信徒であったかどうかは確証がありません。それにしても、一般の住民が敬遠する土地にわざわざ居を構えるというのは、少なくともキリシタンを嫌う者の態度とは思えないのです。西ノ京にキリシタンの痕跡《こんせき》が多いのは、やはりあの辺にだいうすの集落があった証拠ではないでしょうか」

京には西ノ京の他にも、だいうす町の所在を疑わせるところが二、三か所ある。何れも信頼できる史料が無く確認できない。状況証拠だけでは歴史の謎は解けないのだ。

酒井さんと別れ、人通りの少なくなった宿への道を歩きながら考えた。

〈今回はひと先ず東京へ帰って、秋にまた出直すとしよう。その際には寺岡女史に先生の所へ連れて行ってもらわねばならぬ〉

先生とはキリシタン研究家、藤井教授のこと、女史には以前から先生への紹介を頼んでいたのである。

㈩ だいうす丁《ちょう》（※町は町人町、武家町は丁と言う）

四条大宮の阪急前で女史と待ち合わせる。よく晴れた爽やかな秋の日、笑顔の彼女が駅ビルから出て来る。

「お休みのところ、わざわざお出かけ頂いて申しわけありません」

「いいのよ、先生の所にはいつもこんな風《ふう》に、ぶらりと出かけるんだから」

気さくな彼女は事も無げに言う。駅前からタクシーで東に向かう。

これから訪れるのは女史の恩師藤井晋《すすむ》博士宅である。博士は史学者だが、東西交渉史の御専門からキリシタンの研究に入り、この分野での草分け的存在となった人である。寺岡淳子さんは厳父教順氏の代から博士に師事した、いわば孫弟子に当たり、今は実の孫のように博士に接していると言う。何時も気軽に出入りしていると言う彼女の話から、今日はこうして同行をお願いすることになったのだ。

藤井邸は古色を帯びてはいるが、瀟洒《しょうしゃ》な和風の建物であった。通された座敷の床の間には、禅僧の墨跡《ぼくせき》らしい掛け軸があった。雄渾《ゆうこん》な筆勢に見とれる（意味は分からなかった）。女史は奥に入り、先生と一緒に戻って来る。先生が座に着かれるのを待って挨拶を済ませ、更に女史が紹介してくれる。先生は先年夫人を亡くされ、お独りの淋しいお暮らしである。柔和な内にも威厳のある先生の風貌は、写真で拝見するよりは老けて見えた。種々御心労も多いのかも知れない。

彼女は私を後輩として紹介してくれたのだが、実際は彼女の在学中私は未だ大学に入っていない。年齢は三年しか離れていなくても、晩学の私が入学した時は彼女は疾《と》っくに卒業していた。それでも暫くは仙台の思い出が話題になる。

「ところで、西ノ京を歩いて来られたそうだね」

先生は本題に入られた。今日訪問の目的を先生には前以てお伝えしてあったのである。

「はい、大雑把《おおざっぱ》な歩き方ですが、一回《ひと》りして来ました。ただ浄光寺が廃寺になったのを知らず、一苦労しました。廃寺は明治年間だったらしいのですが、先生は浄光寺を御存知ですか」

「いやいや、私が京都へ来たのは明治の末年で、その頃浄光寺はもう影も形も無かったな」

「浄光寺の跡地へは、何年か前に先生のお供で行ったことがありましたわね」

淳子さんが口を挟んだ。

「そうだったな、確かお父さんも一緒だった」

先生は茶を一口啜《すす》ってから、

「私が初めてあそこへ行ったのは大正初年、もう少し北の成願寺《じょうがんじ》を訪ねた序《つい》でだった。キリシタンの墓碑発見のニュースを聞いて出かけたのです。あの時はもう一つ、御前《おんまえ》通の延命寺でも墓碑が三基出た。その後も更に墓の発見が続くのだが、不思議なことに、墓碑が出るのは殆どが浄土宗の寺だった。京では法華や禅に較べ、浄土系のキリシタン攻撃はあまり激しくはなかったから、耶蘇《やそ》信徒の埋葬が多いのはその所為《せい》かも知れません。浄光寺も浄土宗だったので、跡地へ行ったのも埋葬の痕跡を探るためだったのでしょう」

「西ノ京界隈《かいわい》にキリシタンの墓が多いのは、あの辺にだい、い、い、うすの集落があったからではないか、先日同行の友人とも話したのですが、現在までの処未だその確証がありません」

私は先日の疑問について先生のお考えを伺いたかった。

「西ノ京に信徒集団の居住地があったと記るす文献も無いではないが、私は必ずしもそうは思いません。集落は一条油小路にあっても、埋葬は西ノ京になるのは有り得ることです。

その理由は、上京の油小路近辺には公家《くげ》や武家の邸宅が多く、寺も貴族的で、信徒を埋葬するのは目立ち過ぎるからです。その点、西ノ京は田舎で土地も広く、人目を忍ぶ作業もやり易いのです。当時の世情を考えると、キリシタンの墓碑を受け入れるのは、寺院側にもかなりの抵抗があった筈だから、居住地の近くでは却って拒否反応が強かったとも考えられる」

先生の御意見には充分納得が行くと思う一方、

〈そうすると、太兵衛らの一の保社への灯籠寄進は、どんな意味があったのだろうか〉

と考えざるを得なかった。

話はそれから延命寺の寺域の問題に移り、「創建時、この寺の境域はもっと西側に拡がっていたのではないか」、酒井氏と話し合った、そんな疑問を持ち出したところ、

「延命寺が一の保社の向かいにあったと言うても、今の天神通《みち》を挟んで向かい合っていたという意味にはならない。御前通に対して天神通は裏通りに過ぎず、基準にはならないから、問題はやはり御前通の両側に、向き合う位置にあったと解すべきじゃろう。いくら尼寺でも、八十坪足らずという記録は確かに狭過ぎるが、キリシタン墓碑が裏の竹薮から出たと言われるように、西ノ京のあの一帯は当時一面の薮で、寺域そのものは狭くても別に

不自由はなかったのでしょう。寺域を西に拡げる必要は無かったと思うがね」

先生の判断は明快であった。

私は持参した殉教図のコピーを先生の前に拡げた。

「元和八年の長崎大殉教です」

淳子さんが覗き込む。

「あァ、それローマのイエズス会にある絵だね」

先生はイエズス会本部で実物を御覧になったらしい。コピーは白黒なので色彩は分からない。しかし壮絶な処刑の模様はよく描かれている。やはりローマのイエズス教会で作品を見て来た画家の話では、色彩の基調はセピア（暗褐色）で、色褪せることなく、刑場の陰惨な雰囲気がうまく表現されているとのことである（口絵①②③を参照）。

長崎立山の処刑場を全体として巨視的に捉えた画面は、いったい何処に視点を据えたのだろうか。画面下の海（現在は長崎駅の在る所）から見上げても、対岸の稲佐山側から眺めても、こういう画面にはならない。唯一可能なのは空中から見た場合であろう。何れにしても、殆ど遠近法を無視したこの絵は写実的なものではなく、個々の形象を説明的に描いたに過ぎない。作者はポルトガルの医師らしいとされるが、これは一人の作者によるのではなく、現場に居た複数の目撃者が、それぞれの印象を持ち寄って作成されたのではないだろうか。一人一人の人物の動きは望遠鏡でも使ったか、空想を交えたかして描写したのであろう。この殉教図は一応現場でまとめられた下絵を、マカオかマニラに送り、そこで一人の画家によって油彩画に仕上げられた作品と言われている。画中の人物の日本人離れをした容貌やぎこちない衣服の着こなし等、確かに制作者が外国人であることを示している。

丘の斜面が二段に仕切られ、上段に火刑のパードレら二十五名が柱に括られて並び、下段では一般信徒が斬首の刑を受けている。刀を振りかぶる刑吏の前に、首を差し延べる女や子ども、すでに首の無い死体や棚の上の釘に差し込まれた生首等が描かれる。処刑される者全員を実質的に指揮するスピーノラは、上段の左から五人目である。その左隣には火刑を受ける唯一人の女性、ルシア・フレイタス（日本人）が居る。スピーノラから右へ白衣の三人を越えて、九人目のセバスチァン・木村は、長い獄中生活と病気のため最初に息絶えたスピーノラに対して、最後まで姿勢を崩さず、二時間も火に耐えたと言われる。しかし右端の二人の左隣りに三本の柱のみ見えるのは、熱さに耐え切れず逃げ出した二人と、それを引き戻そうとして後を追った、計三名の日本人の柱である。刑場の周囲を仕切る竹矢来の外側は、槍や弓を持った大勢の役人に警固され、押し寄せた群集を遮っている。群集の中には白人や黒人も混じり、多くが合掌する祈りの姿である。画面の最下端には水際に比丘尼《びくに》姿の女性達、海面に小舟を浮かべた人びとが描かれ、皆一様に丘を見上げて祈りを捧げる。これらの状景を画面左上の囲いから眺めるのは、奉行所の検分役であろうか。それにしては女性が多く、服装にも違和感があるが……

柱に縛り付けられたまま、スピーノラは聖歌を歌い続ける。その合間に検分席に向かい、「いくら我らを殺しても、新たな伝道者は尽きない。一人死ねば百人が渡来して来ます。それが神の摂理なのです」

そう呼びかけて、なおも詩篇を朗唱するのである。イエズス会を初め、そこに立ち並ぶ各会派の受刑者たちもそれに和し、更にその声は柵外の群集に伝わって大合唱となる。記録によれば、この日詰めかけた三万と言われる人びとの中から、「イエズス・マリア、イエズス・マリア」と唱える声が、やがて潮騒《しおさい》のように湧き起こるのである。

「私はいわゆる異教徒（非耶蘇《やそ》信徒）なので、こういう疑問が涌くのかも知れませんが、信徒は最期に火刑を望むというのは、何故なのでしょうか」

私は先生の前で、恐れ気も無くこんな質問をした。本来は煉獄《プルガトウリヨ》の火で浄化されるべき人の罪が、生きながら焼かれることにより償われると考えることが、どうも腑に落ちなかったのだ。火刑の死者は皆瞳を上げて天を望む。しかし、火刑は人が選ぶもの、煉獄の火は神の御業《みわざ》、人の選択が神の御業に代わり得るのか。

「そりゃ難問じゃ、わしにも分からん。姉崎※さんが御健在なら、何かお考えがあるかも知れないが……」

先生は少し間を置いてから更に言われた。

「これは結局信仰の問題だな。信じる者にしか分からぬことや」
※（姉崎正治氏は宗教学者、キリシタンの研究で業績を残す）
「もう少し居る」と言う女史を残し、私は頃合を見て藤井邸を辞去した。先生は初対面の私の愚問に対して、一つ一つ答えてくださった。これもすべて女史の紹介のお蔭であると思わねばならない。

「たかつじさがる、○だ※いうす町
往当此町《そのかみ》に伴天連《ばてれん》が住て提宇子《だいうす》の法《ほう》を勧《すすめ》しを太閤《たいかう》秀吉公禁制《きんぜい》せられ寺を壊《こぼた》れたり」
酒井さんは手帳に控えた昔の案内書の一節を読み上げた。

※（「だいうす町」とは、キリスト教の唯一神「デウス」の町という意味）

「これは寛文五年（一六六五）発行の案内書『京雀』の文言《もんごん》です。『たかつじさがる、○だいうす町』と言うのは、今われわれが立っている、この辺りであったようです」

今われわれ二人が立っているのは松原通西洞院《にしのとういん》、目の前に五条天神の社殿がある。

「高辻下《たかつじさ》がると言えば、もう一筋上《かみ》の通りになりますから、だいうす町があったのは、厳密には高辻と松原の間ということになるのでしょう。縦の町筋は、『京雀』には『かま（釜）の座《ざ》つきぬけ（突抜）通』とあり、これは現在の若宮通を指すものと考えられるので、町名で言えば今の菊屋町を中心とする地域が、当時のだいうす町だったと言えます。西洞院の一筋東ですね」

酒井さんは先に立って、菊屋町の狭い通りに入って行く。通りの北の突き当たりに石の鳥居が見える。

「あれは菅大臣神社の南入口です」

菅原道真の邸址であると酒井さんは言う。

序でにさっき感じた疑問を口にしてみる。

「五条天神の門前にある由緒書《ゆいしょがき》に、《天使社》という言葉があるのは、やはりこの辺がキリシタンの居住区域だったことを示すものですか。日本では昔から〈天女〉〈天人《てんにん》〉とは言うが、〈天使《エンジェル》〉と言うのは聞き慣れない言葉です」

「いや、そうではないようです。あの社《やしろ》は平安時代に大和《やまと》から移ってきたらしいのですが、すでに大和で《天使社》と呼ばれていたと聞いています」

酒井さんはそう言いながら、頻りにあたりを見回している。両側に家並《やなみ》が迫る小路はひっそりして人影もない。

「何かキリシタンの遺跡を示す標識は無いかと思ったのですが、ありませんね」

酒井さんは首を傾《かし》げた。

『京雀』には、太閤が寺を破壊したとあるが、当時この町にあった下京教会は、確かに建物は撤去されたものの、実際はその後も仮の礼拝所を設けて活動を続け、太閤没後は半ば公然と小教会を復活、パードレやイルマンが信徒の指導に当たった。禁教令により姥柳《うばやなぎ》町の南蛮寺が破却されて以後、細ぼそながら京《みやこ》キリシタンの信仰を支えたのは、主にこの下京の教会だったと思われる。また、太閤の命令を無視するかのように、この時期こうした布教活動ができた理由には、パードレ・オルガンティーノの活躍があったことも忘れてはならない。厳しいバテレン追放の網の目を潜って、日本語通訳のロドリゲスと共に、オルガンティーノがミヤコ地方に残ることを得たのは、彼が老耄《ろうもう》して害が無いと判断されたためらしいのだ。しかし研究者によっては、ここに大聖堂があったと見る向きもあるが、当時の状況からは考えられぬことである。

「この頃〈だいうす町〉なる信徒居住地は、他にも市内に何個所かあったようですが、その場所は判然としません。ただこの高辻から二筋上がり、綾小路通を西へ、堀川通を越えた辺りにも、〈だいうす〉があったことは分かっています」

「それでは」ということで堀川通に向かう。堀川の一筋西に平行する岩上通はもう四条大宮に近い。

「ここに昔妙満寺という法華宗の寺がありました。今は洛北に移りましたが、それをそのまま町名にしています」

酒井さんは十字路の真ん中に立って話し始めた。四条通に接続する町並は何の変哲も無く、やはり狭い小路には人影も無い。

「長崎の殉教二十六聖人の一人、ペドロ・バウティスタ神父は、寺の跡地に聖マリア教会を建て、病院や学校を併設しました。ここのだいうす町は発展するかに見えたのです。しかし神父は、太閤の意図を読み違えていました。秀吉がルソンに求めたのは、交易であって伝道ではありません。イスパニヤの総督使節として神父がやるべきことは、日比間の貿易促進でこそあれ、京・大坂でフランシスコ会の教勢拡大に努めることではなかった。私は思うんですが、禁制下でも政権に接近しているオルガンティーノらの動きを見て、バウティスタ神父はイエズス会への対抗心を燃やし、自分らも太閤に取り入れば自由に振る舞えると思ったのでしょう。ルソンから来日したイスパニヤ系の聖職者らも、バウティスタ神父と共に処刑されました」

二人で近辺を歩いてみたが、此処にも当然ながらキリシタンの痕跡は何も見つから無かった。

再び西洞院へ戻り、酒井さん行きつけのうどん屋で一休みする。この日は祝日で酒井さんは朝から一緒に歩いてくれていた。秋の日は短く、午後の遺跡探索は急がねばならない。

三十分ほどして店を出る。四条通を北へ渡り、二筋目の蛸薬師まで歩く。酒井さんは左側の家並を指して、ここからもう一筋北の六角通まで、信長終焉《しゅうえん》の地、旧本能寺の跡地だと言う。蛸薬師で右折すると新町通に出る。さらに進むと室町《むろまち》通だが、この二つの縦の通りの間が、南蛮寺のあった姥柳町《うばやなぎちょう》である。その通りの中ほど南側に門が見える仏寺院は、旧南蛮寺とは関係が無さそうだ。中京《なかぎょう》のこの辺りは、織物問屋を初め、京都の中小企業が建ち並ぶ商業の中心地で、人や車が往来する活気のある街だ。室町通の向こうに一段と激しく車が通るのは、もう烏丸通《からすま》である。四百年以上前に伝来したキリスト教が、初めて都に根を下ろした所が此処だと思えば、感慨新たなものがあるが、現実にはやはり往時を偲ぶよすがも無い。

「南蛮寺は天正十七年（一五八九）秀吉の命令で焼かれるまで、約十二年間ここにありました。それまで古家を改造して何とか教会として使っていた建物が、十年以上に渡り戦乱等で荒廃したので、この際新たに天主堂を建設しようという気運が起こったのです。この際と言うのは、キリシタンに好意的な信長が、この頃漸く京の支配権を握ったことによるのです。実際信長配下の京都所司代村井貞勝は、建設工事中さまざまな援助をしてくれました。イエズス会の手持ち資金が乏しいため、京都周辺の信徒も金《かね》や資材を持ち寄り、貧しい者は労役奉仕に励みました。信徒総掛かりの工事は、こうして二年余り後に待望の新聖堂を完成します。階上に僧院を載せた教会堂は三階建てで、内部は礼拝堂に相応しい壁画や彫刻で装飾されていたらしいのですが、床は日本人向きに畳敷きだったようです。信徒のなかに大量の畳を寄進した人がいたとの記録が残っています。聖堂完成後は珍しい異国風の建築を見ようとして、信徒以外にも各地から見物人が集まったと言われ、信長の三人の息子も訪れたようです。こういう貴重な建物を、太閤は事も無げに破壊しました。当時の聖職者たちから彼が暴君と呼ばれたのも、当然と言うべきでしょう」

酒井さんは解説を中断し、西の方を向いて言った。

「この通りは、東詰めにある寺の名から蛸薬師と言われますが、古名は四条坊門です。通りの北側にあったと思われる南蛮寺は、同じく北側にあった旧本能寺と新町通一筋を挟んで相対していました。その頃の町屋は殆ど平屋ですから、南蛮寺の階上から本能寺の伽藍《がらん》がよく見えたことでしょう。従って明智光秀の軍勢が喊声《かんせい》をあげて本能寺を襲い、激しい戦いの後に火の手が上がる一部始終を、南蛮寺の住人は一貫して見ていたに違いないのです。襲撃は未明でしたから、あるいはバテレンたちも寝込みを襲われた感じで、天主堂の危機と思ったかも知れません。と言うのは、キリシタンに好意的であった信長が目と鼻の先に泊まるというのに、南蛮寺から誰も出向かぬはずはないし、信長側からも接触があったと思われるからです」

再び西洞院に戻り、一筋北の六角通に上がる。旧本能寺の北限が六角通なのである。

「ほら、見てごらんなさい」

酒井さんは辻に立って左右を見回しながら言った。

「六角通の道幅が、西洞院を挟んで西と東で違うてます。西側は東の半分しかありません」

見れば確かに本能寺側の道幅は北寄りに狭くなっている。

「これは本能寺が周囲に堀を回らしていたことを示しています。通りの南半分が堀の一部になっていたのです」

戦乱の時代、京の大規模な仏寺院で、しばしば周囲に堀を回らした例が見られるのは、城郭や環濠都市と同じ、防衛的意味があったのではないかと思われる。戦国武将がこの種の寺を宿泊施設として利用した一つの理由でもある。

そんな話をしながら堀川通に出て、今度は車で一条戻り橋に向かう。上京のキリシタン遺跡を探索するためである。

目的地で車を降り、一条通を東に入る。酒井さんは、この先のカトリック西陣教会に寄って行くと言う。キリシタンの遺跡について、何か聞ければと期待してのことらしい。しかし礼拝堂のあたりには人影もなく、周囲は閑散としていた。会堂背後の住居を訪ねて年輩の尼僧にお話を伺う。司教の三戸部神父は生憎出張中とのこと、キリシタン遺跡のことはよく分からないが、昔のだいうす町がこの辺にあったことは確かだという、神父の見解を伝えてくれた。玄関脇の座敷の壁には、南蛮寺を描いた壁掛けが下がっていた。

酒井さんが調べたところでは、上京のだいうす町は教会前の通りから一条通を西へ、油小路まで三筋程戻り、そこから北へ同じくらいの距離を元誓願寺通まで上がったところ、ほぼそのあたりがだいうす町の中心だったと推定される。慶長七年頃上京教会の天主堂が、下京教会の支院として建てられたのも、そこであったと思われるが、規模はそれ程大きくはなかったようだ。南蛮寺が破却された経緯を考えると、関ヶ原の戦後三年にして早くもキリシタン寺院の復活を見たのは、やはり権力交代の結果だと思う他はない。当時キリシタンの側では、暴君没後の新権力者が如何《いか》なる政策をとるか、不安と期待の入り交じった気持ちで注視していたに違いない。それに対して家康は、秀吉時代の禁教には無関心を装《よそお》い、マカオやマニラからやって来る宣教師らを受け入れ、布教活動を黙認した。さらに主としてフランシスコ会士らに、関東への進出を勧め、江戸に拠点を設けることを許した。

「ミヤコ地方ではイエズス会に後《おく》れを取ったフランシスコ会は、家康の誘いに積極的に応じました。関東から東北にまで教勢を伸ばしたのです。家康が特にフランシスコ会に着目したのは理由があります。イエズス会のマカオと同様、フランシスコ会の南の拠点はマニラだったからです。かつて太閤秀吉は威嚇的態度でマニラのイスパニア総督に交易を迫り、サン・フェリペ号の積荷没収事件の賠償を求めるスペイン側に拒否されました。それ以来杜絶している両国の交流関係を、フランシスコ会の宣教師を受け入れることによって復活しようとしたのです。家康にとって大坂城に金銀を蓄えた豊臣家に代わり、諸大名を統御するためには、どうしても南蛮貿易による富の蓄積が必要でした。政権の確立に何よりも必要なものは海外との経済交流であり、異教対策はその次、と考えたのでしょう」

元だいうす町の中心と推定される十字路に立って、酒井さんの話を聞きながら周囲を見回してみるが、やはり往時を偲ぶ手掛かりは何も無かった。下京の場合と同じく、辺りはひっそりとして殆ど人通りが無い。戦災にも遭わなかった京都には、古びた閑散な町筋が多いのだろうが、それにしてもこれは住民不在を想わせる、物さびた眺めである。

「表通りか商店街でもない限り、こういうところが多いんですわ、京都には」

酒井さんはそう言ってから話題を変えた。

「しかし、だいうす町があった頃は、かなり街の趣が違っていたでしょうね。この辺は上京市街地の中心に当たり、町屋が並ぶ間に公家や武家の屋敷が点在していました。一筋東の小川通を南に下がったところ、武者小路《むしゃのこうじ》通と一条通の間に、昔行《ぎょう》願《がん》寺という天台の寺がありましたが、通称を革堂《こうどう》と呼ばれ、上京聚落町寺《まちでら》として住民は事ある毎にこの寺に集結し、対策を協議したと言われます。下京にも華道の池坊《いけのぼう》で知られる六角堂（頂法寺）があり、同じく町衆の拠点として緊急時には革堂と相呼応し、激しく鐘を打ち鳴らして危険を住民に知らせたと伝えられます。こうした状況であったとすれば、当時は町にもっと活気があったと考えた方がよさそうです」

酒井さんに付いて、小川《おがわ》通をまた一条通まで歩いてみる。細ぼそと流れる小川《こがわ》に沿って、今も革堂町の町名が残るものの、それらしき面影はここにもない。一条通で右折して堀川に合流する小川は、往時はもっと川巾があり、「花の御所」と言われた足利将軍邸（今出川通北側）に近いことから、この辺りは両岸に幕府の諸官衙《かんが》が並ぶ流れであった。だが、今は見る影も無い。

革堂町に接して西側にも革堂仲之町や革堂西町がある。何れも旧行願寺の境内に当たると言われる。ただし上京区内には、他にも革堂前之町、革堂下之町、また革堂之内町等、革堂の名を冠した町が現存する。これらは旧革堂の跡地ではなく、革堂の境内や門前にあった民家を、何らかの事情で現在地に移したものだと酒井さんは言う。この人は相変わらず資料をよく調べてきて教えてくれる。なお行願寺そのものも、度重なる火災を経て天正十八年、秀吉の寺町造成に際して寺町通荒神口に移され、今は寺町通竹屋町に残る。

「この小川通を南に府庁の近くまで行くと、茶屋四郎次郎の屋敷跡になります。何れ発掘調査が行なわれると思いますが、あとで場所の確認だけでもしておきましょう」

酒井さんは、その前に一休《ひと》みしようと言って、途中にあるホテルの喫茶室に入って行く。階上まで吹き抜けの広々としたフロアに何組もの客が寛《くつろ》いでいる。

「四郎次郎の屋敷があったので町名も茶屋町となっていますが、茶屋の住居は初めはもっと南の、例の南蛮寺があった所のすぐ近くでした」

酒井さんは手帳を出して話し始めた。

「新町通の百足屋町《むかでやちょう》、この四郎次郎邸は五代綱吉の頃までここに在って、徳川（幕府と尾張）の御用商人を勤めました。家康は信長・秀吉の時代に、ここを上洛時の常宿にしていたと言われますから、四郎次郎（清延）と徳川家の間には、主従同然の絆があったと思われます。江戸時代に茶屋家が単なる豪商の域を超えて、京町方《まちかた》の総元締として幕府の施政を支えることになったのは、当初のこうした家康との信頼関係に基づくものと言えるでしょう。一説によると、だいうす町の住民の動きを探索する役割も果していたとのことです。秀頼母子が健在の間は、大坂方の情報を逐一《ちくいち》家康側に流していたとも言われます。本能寺の変を直接目撃したであろう清延が、逸速《いちはや》く堺の家康に通報し、三河までの脱出行に付き添った話は有名ですが、茶屋家には言わば徳川の諜報機関としての顔があったのかも知れません」

関ヶ原の戦後三年、征夷大将軍となって江戸に幕府を開いた家康は、僅か二年で将軍職を秀忠に譲り、以後江戸と駿府、伏見の間を往復し、着々と幕府の体制固めをすると共に、絶えず大坂方の動静を窺う。

「天下取りが目前に迫り、豊臣家の処分に焦る家康には、京に在って常時情報の入る茶屋家の存在は貴重でした。慶長元年に初代四郎次郎が没し、二代の清忠も同八年に早逝すると、家康は清忠の弟（初代の次男）の又四郎（清次）に家督を継ぐよう指示します。三代目となった四郎次郎は朱印船貿易の特権を与えられ、巨利を博して財政的にも徳川家に貢献しますので、茶屋家への家康の期待はますます高まることになります。清次が三代目となる慶長八年と言うのは、家康が幕府を開いた年であると同時に、板倉勝重が京都所司代として登場する年でもあります。そもそも家康が所司代を置くことにしたきっかけは、関ヶ原戦後の京の治安や民情に関する、茶屋家の報告にあったらしいのです。かつて僧籍にあった勝重を家康は高く評価していましたから、信頼できる人物による公儀と町方の連携が、成果をあげるであろうことを期待していたのだと思います」

〈しかし、実態は違う〉私には、そうは思えなかった。

私たちが今日こうして遺跡を尋ね歩いているだいうす町の住民を、当時茶屋家の一族は常時監視し、出入りする者の様子など、忠実に当局側に通報していたに違いないのだ。然るに、所司代勝重はキリシタンに理解を示し、彼らの行動の多くを見て見ぬ振りをしたと言われる。

「キリシタンの取り締まりに関する限り、茶屋三代目の清次は、所司代と歩調が合わなかったのではありませんか」

「そうかも知れません。その点では、勝重の人物を見込んでいた家康と違い、キリシタンを厳しく処断した二代将軍秀忠なども、勝重の態度を苦々《にがにが》しく思っていたことでしょうね」

酒井さんは冷えかけたコーヒーを飲み干して話し続ける。

「京都所司代伊賀守勝重、この人は職務上、または人間的にも声望があり、歴史にその名を残しました。秀忠がどう考えていたにせよ、勝重の業績は認めざるを得ず、家康没後も任を解くことはなかったのです。後任となる板倉重宗も所司代として声価を高め、父に劣らぬ名臣の称を得ます。戦後の混乱が未だ尾を引く都の司法・行政長官に、父子二代にわたり傑出した人物を送り込むことができたのは、徳川家にとっても幸運なことでした。豊臣びいきの熱気が残る京の町民は、五十年以上に及ぶ二人の在任中に、すっかり将軍統治に馴染《なじ》んで行きます。前政権の名残が未だ大坂の一角に認められる間にも、豊太閤の余慶は急速に失われて行きます」

織豊時代から徳川の治世へ移行する期間は、キリシタンの世紀消滅の過程でもあった。ただ、幕府が本格的にキリシタン弾圧を始めるのは、大坂夏の陣以後のことである。

「暗くならぬうちに」と話を切り上げてホテルを出る。

小川通を南へ出水《でみず》通まで歩く。ここは茶屋四郎次郎の屋敷があった所で、町名も茶屋町である。南に接する丁字風呂町《ちょうじぶろちょう》まで、小川通に沿って南北に延びる広大な邸宅であったと言われる。小路一つを隔てて東側は京都府庁の構内であるせいか、周囲の町並は閑散、町屋も混んでいない。茶屋町の北側、下長者町通の片隅に、珍しく遺跡表示の石標を見つけた。『茶屋四郎次郎邸址』と記され、側面には『大正六年三月建之、京都市教育会』とある。

「京都市教育会と言うのは、市教委とは関係ないんでしょうかね」

私の問いかけに酒井さんは、

「あァそれは戦前にあった組織で、今の教育委員会とは関係ありません。いろいろな教育事業の他、こういう史跡保存の標石を要所に建てる仕事も手掛けています」

「そうすると、今まで見てきた所にもこういうものがあったのかな」

「見当たりませんでしたね、われわれが見落としたのかも知れませんが……」

酒井さんも自信が無さそうだった。

茶屋家が蛸薬師《たこやくし》百足屋町から、こちらに移ってきたのは宝永五年（一七〇八）、市中の大火で旧邸は焼失した。以後ここに本拠を定める茶屋家が、戦功により家康からこの地を与えられたのは、初代清延の時代であった。それ以前は前田玄以が住んでいたと言われる。

「しかし茶屋町に移ってからの茶屋家には、朱印船貿易の頃の活気はありません。将軍家の呉服師として幕府との関係は変わらず、京の三長者に数えられる豪商でもあったとは言え、三代清次までの政商的活動に見られる、かつての覇気は失われています」

酒井さんは新邸に転移後の茶屋家に、構えは立派でも最盛期の勢いが無いことを指摘し、その原因を朱印船貿易の停止と海外渡航の禁止にあるとした。

「とすれば、それは茶屋だけの問題ではなく、角倉《すみのくら》などにも影響があったわけですね」

私が口を挟むと、

「そうです。角倉船なども動けなくなります。また京都以外の大坂や長崎でも、南方に船を出していた貿易商は皆打撃を受けたはずです。ただ茶屋の場合は、家康以来徳川家から特権を与えられ、有利な商法に甘んじて自助努力に欠ける嫌いが有り、それだけ落込みが激しかったことは確かでしょう」

酒井さんはそう言いながら辺りを見回し、さらに付け加えた。

「ただ私はこの問題はもっと大きく、『鎖国の功罪』といった観点から考える必要があると思っています」

話しているうちに少し風が吹き始め、周囲に暮色が迫ってきた。

※本章文中の各史跡には、現在（平成二十八年）遺跡表示の石標柱及び説明板が設置されている。

三条京阪の行きつけの店に入ってからも、酒井さんの話は続く。彼はメモの一節を読み上げた。

――徒斯《デイス》辻子《のずし》　一条の北油小路《あぶらのこうじ》と堀河《ほりかわ》との間に在り。近世耶蘇《やそ》宗門の寺斯《こ》の町に在り、倭《わ》俗に徒斯《デイス》を誤りて太宇須《ダウス》と謂う。故に今大宇須《ダイウス》辻子《のずし》と称す（原漢文）。

「御存じの『雍州府志（巻八）』の記述です。しかしだいうす丁の起こりについては、パジェスの『宗門史』に、『この(天主町《デウス》という)名は、法印(前田玄以)の一族で、カイオ(慶友法印?)という尊敬すべき人から出たもの』とあるのみ、他に邦文資料は見当たりません。カイオはキリシタンであるという理由で、太閤から全財産を没収され、家族と共に投獄されたので、それ以来ここは『天主様の在《いま》す聖所』として、カイオを慕う信者の人びとが集まり住むようになったということです。ただ、この記述には少し疑問があります」

話し手はもう赤い顔をしている。この人はどういうわけか、ビール以外の酒は呑まない。その点では日本酒党の私と調子が合わない。

「玄以の周囲には、二人の息子を初め、何人ものキリシタンがいました。そのキリシタンが厳罰に処された話はあまり伝えられていませんが、これは玄以が所司代という要職にあったことと関係があるのでしょうか。もしそうなら、カイオだけがあァいう処分を受けたのは何故か、納得が行かないのです。あるいは他に何か別の理由があったのか、それとも記述が事実と違うのか、何らかの解釈が必要です」

酒井さんは話し疲れたのか、コップを置いてガラスの外を眺めている。そこには疏水の流れがあり、澱んでいるように見える水面に、駅へ入る電車の灯火が映って静かに揺れている。この店では裏を流れる疏水に面して大きな一枚ガラスを嵌め込み、水と光が交錯する夜景が楽しめるようにしているので、私はいつもこの席に座るのである。

「恐らくパジェスの記述に誤りは無いでしょう、と私は思います。例のフロイス『日本史』の記述が、かなり正確に事実を伝えているとすれば、それらの資料に基づいていると考えられるパジェスが、事実と異なることを書くとは思えません。ただ、それとは別に、私自身首を捻《ひね》る場合もあります。例えばイエズス会の年報とか、日本通信とかいう宣教師の報告書ですが、日本での伝道布教の状況が美化され過ぎているような気がするのです。個々の事実の報告に誤りは無くても、実情報告としては必ずしも正確ではないのではないかと思うのです。見慣れない異国人、当時の日本では随分毛色の変わった外国人の宣教師が、たどたどしい言葉で語る説教に、忽ち多くの入信者が出る。いったん入信すれば不退転の信仰心に燃える、死をも恐れぬキリシタンになる。われわれ信仰心の無い者から見れば、これはちょっと信じられない。人が宗教的確信を得るプロセスには、さまざまな困難が伴なうのではないか。あるいは何らかの契機があるのではないか、と想像すると、昔の人は素直だった、もっと素朴であった、では済まされない疑問が生じます。織豊時代から江戸初期にかけて、キリシタンが数十万と言われる程の勢力になったのは、打ち続く社会不安に戸惑う民衆を、済度する力を在来の仏教諸派が失ったからだ、とはよく説かれるところですが、ここにも真実のなかに、ある種の誇張が含まれています」

イエズス会によって口火を切られた日本布教の事業は、その後フランシスコ、ドミニコ、アウグスチノの諸会派が加わると、諸派が協力すると言うよりは互いに教勢拡大を競う展開になる。聖職者にも競争心や功名心があり、伝道の成果を強調する気持ちは捨て切れない。キリシタンに関わる資料は、日本側では意図的に湮滅《いんめつ》した気配《けはい》があり、今利用されているのは殆どが西欧カトリック教国に偏在しているものである。キリシタンの歴史を辿るには、これらの事情を勘案し、それぞれの記述に真実を読み取る眼識を要する。

この夜はさらに酒井さんの鎖国論で盛り上がり、二人とも少し呑み過ぎた。二、三組の客が出て行き、手が空いたところで女将《おかみ》が寄って来て、

「お二人ともさっきから何やら難しいお話で、わたしらお相手する隙があらへんわ。夕食まだでしたら何か造りまひょか」

と言うのを汐《しお》に腰を上げた。酒井さんはこれから大津まで帰らなければならない。

㈦　太兵衛東埔寨へ行く

了善が亡くなって一年、服喪の年が明ける頃、小嶋屋から問い合わせがあった。「今年はどうするのか」と言うのである。

これまで話が出ては消えた南海交易の話だった。前回三条店《みせ》の長七らが木屋船《きやぶね》で渡航して以後、桔梗屋が南蛮交易に加わることがなかったのは、毎回様ざまな故障に妨げられたためだったが、「今年こそは」と思ったところで了善の不幸が起こった。慶長十五年になった今年は、「もうこれ以上延ばすわけには行かない」という太兵衛の思いは、小嶋屋に問われるまでもなかった。

桔梗屋が従来渡来品を扱かったのは、専ら小嶋屋を介しての仕事だった。しかし、織田家を離れて実家に戻り、商売の道を歩むようになった太兵衛は、堺や京の豪商が交易船を出すのを競う様子を見て、これからは桔梗屋も気後《きおく》れせずに大商人に伍して、海外への進出を図らねばならぬと思い定めたのであった。そういう気持ちは了善も同じであったから、彼は息子の雄図《ゆうと》を頼もしく思っていた。

ところが、ここにもう一つ、太兵衛の南海渡航の意欲を鈍らせる事情があった。それはスピーノラが着任以来、折ある毎に口にする南蛮交易への批判であった。とりわけ日本の商家が交易船を仕立てて、巨利を博することへの批判であった。交易による利潤の獲得は本来真《ま》っ当《とう》な商行為であるのに、スピーノラは何故批判するのだろうか。これには恐らく二つの理由があり、それがキリスト教徒としてのスピーノラの内部で、日本の商家への批判となって現われたのではないだろうか。その一つは、南海航路で頻発するオランダやイギリス船の海賊行為である。彼らの行為の背景には、大航海時代に於けるスペイン・ポルトガルの海上覇権を奪おうとする、新教諸国の活躍があるのだが、スピーノラからすれば、海外布教の資金調達を担うポルトガル船を襲う彼らの行為は、許し難い悪魔の所業であった。日本船が略奪行為に走ることはないにしても、そういう修羅《しゅら》の巷《ちまた》に、日本船が交易の利を求めて参入するのは好ましからずとするのである。もう一つは、日本の国内では当然の商習慣とされる高利貸しの横行である。一般の商取引でも、暴利を貪《むさぼ》る、量目の不足や品質を落とす等、買手を騙《だま》す不正行為はあるけれども、外来の宣教師の眼に映った最も悪質な商行為は、貸金に対して不当に高い利息を取ることだった。通例貸金の三割までが上限であっても、実際にはそれ以上の高利も珍しくはなく、とりわけ危険の多い海外貿易への投資では、保証金を取った上、借り主が無事帰国すれば、交易の利の大きさを見込んで法外な利息を取った。高利を稼ぐ風習は町人社会に限らず、更に社寺や武家にも及んでおり、こうした社会の悪弊が貧富の差を拡げ、多くの貧民を生み出す結果にもなる、と宣教師側は視るのである。

町人にとって《商売繁盛》は信心の内である。キリシタンでは、それを「悪」と見做すなら、町人は商売で生きることはできなくなる。この点、新教国《プロテスタント》のオランダやイギリスでは、利潤を生む仕事を罪悪とは考えず、むしろ神意に適うものとした。信仰と商売を調和させることができたのだ。ただし、海外での彼らの行為は、信仰とは何の関わりも無い。

信仰と銭《ぜに》勘定の相剋に悩みながらも、渡海の夢を捨て切れなかった了善と同じく、スピーノラの批判にたじろぎはしても、その一方、何としても自ら南蛮交易に乗り出そうとする意欲を失わなかった太兵衛は、小嶋屋と呼応して着々準備に掛かる。中途半端に終わった武家時代、後半生は商人として家業を継いだものの、齢《よわい》四十も半ばを過ぎて未だに何ら成すところが無い。これでは生涯自分の出番《でばん》は無いではないか。胸の中には、そんな焦りもあったのだ。母親のくらや三人の子を抱えるたえは、了善亡き今、大黒柱《だいこくばしら》が危険な航海に出ることを喜ぶはずもなかったが、その切実な思いをどこまでも言い張ることはできなかった。若いうちはともかく、年も不惑《ふわく》を過ぎてから目立つようになった太兵衛の性格は、こうした場合何を言っても無駄であることを家族は知っていたのである。しかし、この一徹《いってつ》な性格が、やがて一家の運命に重大な影響を及ぼすことになるのだが……

太兵衛もさすがに家族の気持ちに配慮して、留守中の経営と家内安全に可能な限りの手配をした。三条店の長七が連日桔梗屋に泊まり込み、大番頭と相談しながら経営のすべてに采配を振るう。三条店へは時折戻り、留守を守る老父と弟に様子を聴く。渡航の経験がある清吉は今回も同行して太兵衛を補佐する、等の役割を決めた。今回は桔梗屋が船主《ふなぬし》で、客商《きゃくしょう》ではないとは言え、実質は小嶋屋の運営で、古参の番頭が乗り込むことになった。また水主頭《かこがしら》（船頭）には、長七とも懇意の半左《はんざ》（花村半左衛門）が任命され、二月に入ってから京の桔梗屋へ、打ち合わせを兼ねて挨拶にやって来た。

奥の座敷で互いに久闊《きゅうかつ》を叙した二人は顔を見合わせ、

「前回渡航の際は、長七より『半左』とのみ聞かされ、思い起こすに一《ひと》苦労致しましたが、こうして膝突き合わせてみれば紛れも無き花村半左衛門殿、まことに懐かしきお方でござる。岐阜のお城の事どもが、つい昨日のごとく蘇って参ります」

太兵衛の言葉に半左も応じる。

「然様《さよう》にござりまするな。時折御主君に従い、天守にお出《い》での姿が目に浮かび申す。あれから後、御上意により城下を立ち退《の》かれた由《よし》、人づてに伺いましたが、今にして思えば、合戦《かっせん》の前に城下を離れ、負戦《まけいくさ》の憂き目にあわざりしは、まさに不幸中の幸いなりしかと存じます」

「半左殿は然様に思《おぼ》されまするのか。それがしには異《こと》なる思いがございます。家中《かちゅう》奮戦して死する者少なからず、御主君は高野《こうや》に逐《お》われ家臣離散す。斯かる事態にあって己れ一人、斯くは安住の日々を過ごすは実《まこと》に恥ずかしき限り、如何《いか》に君命とは申せ、万死《ばんし》に値《あたい》する罪にござります」

「まァそのように我が身一人を責められまするな。此度《こたび》の戦《いくさ》は家中を二分し、殊更危《あや》うきに就かれしは御主君自ら送ばれし途なり、然様の話も伝聞致して居ります。我ら城番にも口惜しき想いがござりまするは、竹ヶ鼻救援に赴きしこと。これも君命とあれば致し方なく、城将杉浦五左衛門殿配下に入りましたれど、寄せ手の大軍を前に僅か半日にて落城、城兵離散となり申した。我ら本来の役目は岐阜の御天守を護ること、御家老とも然様の手筈になっておりましたところ、急に『野戦《やせん》にて戦《たたか》え』との仰せ。所詮は敗軍となるにせよ、持ち場を離れず天嶮《てんけん》を利して戦えば相当に持ち堪《こた》え、敵に一泡《ひとあわ》吹かせもし得たであろうに、何とも口惜しき始末に成り申した。勝敗は時の運とは申しながら、あの戦《いくさ》に加わりし者は、皆等《ひと》しく無念の想いを抱《いだ》いております」

二人の話は主君秀信から転じて、旧臣の誰彼の消息に及び、それからそれへと尽きることが無かった。宵の口まで同座していたたえにも、「これは伝聞《でんぶん》でござるが」と断わりながら、半左は戸田帯刀の最期の模様を事細《こま》かに語った。太兵衛の脳裏《のうり》には、昔の様ざまな情景が次々に去来し、話し続けるうちに已れの現実を忘れた。とりわけ稲葉山の天守から望む長良川《ながら》や城下の眺め、遠く広がる稲田や美濃の山々は、太兵衛にとって第二の故郷とも言うべき風景であった。それらが繰り返し目に浮かび、その夜は床に就いても容易に寝付かれなかった。

翌日は長七もやって来て、店の清吉を加え渡航の打ち合わせに入る。渡航先は初めは呂宋《ルソン》を目指していたのだが、小嶋屋で検討の結果、結局柬埔寨《カボチャ(カンボジア)》に決まった経緯が半左から報告される。船主の桔梗屋にしてみれば、一度でも経験のある柬埔寨行が無難であるのは言うまでもない。按針《あんじん》（水先案内人）には前回のポルトガル人の友人と言う同国人（前回の按針は帰国）。半左の話では、水主《かこ》の中に十五人程、前身は武士だった者が含まれているのは、海賊その他への戦闘要員であるとのこと、南海航路には海難のみならず、海上や現地での危険防止も必要なのだと言う。出帆は三月中旬の予定故、桔梗屋からは今月末に堺へ来て長崎に向かって欲しい。半左はその他、初めて国外に出る太兵衛に、旅中の心得や船主としての振舞を細《こま》ごまと説いた。どちらが船主か分からぬようなその態度を傍らで見ていた長七は、半左が豪放に見える半面、意外に繊細な心遣《づか》いをする男であることを知っていたから、彼がこれ程太兵衛の無事に配慮を示すのは、座敷に挨拶に出たこの家《や》の女・子どもの不安そうな面持《おもも》ちを、逸速《いちはや》く看て取ったからに違いないと思った。

半左衛門はこの夜も桔梗屋に泊まって、翌朝早く堺へ帰って行った。

出発前の一日、太兵衛は下京教会のミサに加わり、モレホン師に渡航の報告をした。モレホン師は訊いた。

「カボチャへ行くのは、何のためでござりますか、商売のためでござりますか」

「然様《さよう》でござる。然《さ》りながら、それ以上の目的もござります」

「それは何ですか」

重ねて訊くモレホンに、太兵衛は語気を強め、

「もっと広い世界を見たいのでござる。より大きな天地で、一仕事《ひと》したいと思うております」

モレホン師は微笑《ほほえ》んで壮途を祝すと言い、南国でのイエズス会活動の状況も見て来るとよいと勧めた。航路の危険を訴える太兵衛の言葉には、ミッションの渡航体験を語り、

「折ある毎に祈りなさい。どんなことが起ころうと、神さまは祈りを捧げる者をお見捨て

にはなりません。必ず助けて下さります」

これと同じことを、かつて太兵衛は出発前の清吉に言った覚えがある。同じ言葉でもパードレの口から出ると別の趣があり、一段と真実味が感じられるのは不思議だった。

京の教会では、最も在任期間が長かったこの宣教師について、ここでちょっと経歴を略述して置く。

ペトロ・モレホン（一五六二―一六三九）は、イスパニアの生まれ、一五八六年イエズス会士として印度で布教、一六〇三年日本に渡来した。大坂・堺・北陸で布教後、京の修院長となり、オルガンティーノ神父転出の後に日本準管区地区長に就任する。北陸では特に高山右近の信仰を導き、迫害激化するや共にマニラへ退去、その最期を看取る。その後一旦《いったん》ヨーロッパに帰り、一六二一年マドリードで日本準管区の連絡役を務める。一六二五年極東に再来、フィリピン総督の命で親善使節としてシャムの宮廷を訪問、現地の日本人信徒に伝道する。一六二八年マカオ駐在所長、三九年同地にて没、その間背教者沢野忠庵処分に関わる。モレホン神父は、幕府が本格的に弾圧を始める直前まで、京《みやこ》のキリシタンを指導した最後の宣教師であった。

桔梗屋船《ぶね》が長崎を出港したのは、ほぼ予定通りの三月十五日である。客商を含めて乗船者約一三〇名、交易船としては中規模の陣容だった。案ずるよりは生むが易《やす》し、航海は意外に順調で、二十八日目には早くもメコンの河口に到達した。清吉は「この前もこんなんやった」と言う。船は河口の小港に寄り、河川遡航の準備に掛かる。この集落には日本人も少し居るらしく、いろいろな品物を持って船を訪ねて来る。

太兵衛は船の舳《へ》先《さき》に立って広びろとした水面を眺める。メコンは東南アジア有数の大河（恐らく第一の長流）で、河口の流れは幾条にも分かれ、広大な三角州を形成している。柬埔寨のプノンペンまで、これからこの河を遡らなければならないが、流れに逆行する河では風よりも人力に頼ることが多いので、

「この先《さき》いったい幾日掛かるのやら」

と考えずにいられなかった。前回長七らの木屋船は二十日前後を要している（※河口からプノンペンまで一七三マイル＝約二七七キロ）。

「それにしても、この暑さは何や」

高砂《たかさご》（台湾）を過ぎる頃から始まった身に応える暑さは、海風に吹かれたくらいではどうにもならず、一同裸同然の姿になった。二月に家族と別かれを惜しんだ日、京は一面の

雪景色であった。きらきらと朝日に輝やく銀世界の中で見送ってくれた人びと、とりわけ涙を押えて立つ母やたえの面影が、遠い昔のことのように目に浮かんだ。

プノンペンの船着場に着いたのは五月二日、今回も二十日余り掛かったことになる。港にはすでに黒船（洋式船）が停泊していた。話し声からポルトガル船らしいと太兵衛は思った。この町は上流から二川、下流へ二川、計四川の合流分岐点に当たり、カボチャへの交易船は、すべてここまで遡行《そこう》して来るので殷賑《いんしん》を極め、事実上の首都とも言うべき集落だった。波止場から早速在留の日本人の小舟がやって来た。船上に上がった二人の日本人は、日本文の書状を示し、船の代表者が同道して港務所に出頭し、上陸手続きを済ますように求めた。応待したのは半左である。前回までは無かったことなので、取りあえず半左が太刀《たち》を携《たずさ》え、もう一人武家上がりの水主《かこ》を連れて小舟に乗り込んだ。夕刻帰船した半左の報告によれば、港務所では日本人のシャバンダール（港務官）に面接し、乗船者や積み荷のことを種々調べられたと言う。彼は二年前に国王からこの職に任命され、来航する日本の交易船を担当するようになったと話したそうである。自らルソンと名乗ったと聞き、太兵衛は直ぐ堺の通称呂宋《ルソン》・助左衛門の名を思い浮かべた。太兵衛も直接会ったことは無いが、父親からも、また小嶋屋にも、助左衛門の話はいろいろ聞かされていたのだ。

翌日、買手の付いた積み荷の一部を港の倉庫に運び込み、一息ついているところへ、また港務所から使いが来て、今夜一席設けるから、荷主と船長《ふなおさ》同道にて御来駕を乞う旨の招待状を差し出した。そこで太兵衛は、船長の他に半左と清吉も加え、衣服を改めて港務官宅へ向かう。事務所と住宅を兼ねた助左衛門邸は、港から少し離れた閑静な住宅街の一角にあり、かなり広い敷地を占めていた。邸内に入ると、更衣室で和服を現地風の軽快な服装に替えられた。「カボチャ浴衣《ゆかた》」と言うべきか、高温の地に相応しい着心地の衣服である。食堂で初対面の挨拶を交わす。

髪を後ろで束ね、日焼けした顔に笑みを浮かべた港務官は、明確に上方訛《かみがたなま》りの日本語を話した。やはり日本人である。太兵衛は思い切って聞いてみた。

「港務官殿はもしやルソン、いや納屋《なや》助左衛門殿ではございませぬか」

港務官は忽ち相好《そうごう》を崩して、

「然様でござる。やはり御存知でござったか。昨日此方《こなた》（半左を見遣《や》って）から、小嶋屋殿の名を伺い、もしやと思い、こうして御足労願ったのでござる」

客に共通の話題のあることが分かると、助左衛門は堰《せき》を切ったように話し始めた。日本船が着く度に祖国の情報を仕入れるらしく、意外に日本の国内事情に通じていた。故郷堺のその後の様子なども聞きたがった。杯の献酬《けんしゅう》が続くうちに、太兵衛の方からも、当地での助左衛門の活動について尋ねた。

「ルソン殿は国王の信任厚く、斯くは公易実務の責任を委されるにいたりしは、如何なる経緯あってのことにござりまするか。お差し支《つか》え無くばお話し願いたい」

助左衛門は笑って手を振り、

「なァーに、言う程のことではござらぬ」

と言って話し出した。

「この国の王から再三にわたり助けを求めて参った故、日本町の住人結束して国王警固の態勢を整え、隣国暹羅《シャム》からの侵入軍に立ち向かい申した。

我ら白刃《はくじん》を振りかざして斬り込む日本式戦法は、この地の人間には苦手《にがて》らしゅうござりますな。当方が敵陣に迫ると、彼らは大概じりじり後退致します。こういうことが度重《たびかさ》なるうちに、我ら先手《さきて》となりて味方を引っ張る形になり申した。柬埔寨王の我らへの信頼は、そんなところにあるのと違いますやろか」

南海諸国に限らず、かつて八幡船《ばはんせん》が荒らし回った中国沿岸部でも、抜き身を引《ひ》っ提《さ》げて襲撃する日本人の戦法は大きな脅威であった。当時南海での日本人の活躍が、こうした武力に支えられていた面は否定できない。この地域に日本刀が盛んに輸出されたのも同じ時代であったことは、これを裏づけるものであろう。

助左衛門が口《くち》にしたのはこれだけであったが、彼はこれ以外にも、この国の民生にいくつかの貢献をしている。例えば、彼はメコン河が毎年のように氾濫するのを見て、高台に数棟の米蔵を建てて洪水に備えた。これが効を奏して、以後現地人は外国人も含めて、飢えに苦しむようなことが無くなったと言われる。

宴《えん》果てる頃、助左衛門は高さ一尺五寸程の壺を二個宴席へ運び込ませた。

〈これは――〉と太兵衛は思った。

商売柄見覚えのある真壺《まつぼ》だった。

「これは《ルソンの壺》でございますな」

「然様《さよう》でござる。堺から持ち運んで参りました」

太閤殿下の肝煎《きもい》りで、かつて諸大名に披露《ひろう》した時の売れ残りを、こうして持って来たのだと言う。

「これは日本に於いてこそ価値あるものでござるが、当地では特段に高値のつく品ではございませぬ。当夜の引き出物として進上仕《つかまつ》る」

思いがけぬ助左衛門の申し出《い》でに、

「とんでもない」と言うことで押し問答の末、結局破格の安値で太兵衛は真壺を船に持ち帰った。

大船二隻で二百数十名の乗船者と共に日本を発した助左衛門らが、馴染《なじ》みのある呂宋ではなく、柬埔寨に来た理由については、当時太閤秀吉の恫喝《どうかつ》に近い交易政策が、マニラのイスパニア側の反撥を招き、とても移住できる雰囲気ではなかったので、已《や》む無く当地に向かった、ということも当夜の助左衛門の話である。

滞在中別の日にも、助左衛門らの案内で、プノンペンの上流（トンレ・サプ川）六里程のピニャールーを訪ねる。ここにも日本町があった。町で見かけた日本人で胸にクルスを下げた者が二、三人居た。聞いてみると彼らもイエズス会の信徒だった。彼らの話では、プノンペンと合わせて数十人の信徒が居り、彼らだけで勝手に礼拝をしているが、この地にも教会とパードレの常駐が欲しいと訴えられる。彼らの多くは、信仰上の理由で日本を追放されて来たことも分かった。これは帰国したら、早速モレホン師とも相談しなければならぬと太兵衛は思った。

助左衛門はまた柬埔寨の奥地にある、仏教遺跡アンコール・ワットへの参詣を勧めた。

トンレ・サプの更に上流にある同名の大湖を渡り、その北端から数里（約一七キロ）離れた所だと聞かされ、

〈いくら貴重な遺跡でも、この暑さの中を、そんな奥地まで入るわけには行かない〉

と考え、アンコール・ワット行は断念した。

一方、桔梗屋船のプノンペン出港は、早くも七月末と決まる。これは太兵衛が帰国を急いだためでもあったが、今回は特に助左衛門の助力により、積み荷の売買が意外に早く済んだからでもある。出帆の前夜は清吉を連れて助左衛門邸を訪ね、港務官の一方《ひとかた》ならぬ助力を謝すと共に、別れを惜しみ今後の再会を約した。三か月足らずの短い滞在中、他の何よりも忘れ難い記憶となったのは、この助左衛門との交遊であった。

鹿皮を主として水牛角や象牙、また漆・蠟・黒砂糖等を積み込み、予定通り七月三十日、船は港を離れてメコンの本流に出た。太兵衛が帰国を急いだのは、京を発《た》つ時の見送りに出た女たち、とりわけ母の不安と悲しみを交えた面持《おもも》ちが、脳裏に焼き付いていたからだった。そんな気持ちに応《こた》えるかのように、船は川風を孕んで快調に流れを下だった。

㈥ 所司代板倉勝重の憂鬱

二条城の北側、所司代役宅の一室で、与力の杉浦久四郎と対座しているのは、所司代板倉勝重である。二人の前には部厚い人別帳が開かれている。

大御所家康から京キリシタン調査の命令が来たのは昨年だった。そこで町方を通じて調べてみると、七千人以上もの数字が出た。これでは多いと言うことで、少しでも曖昧《あいまい》なところのある者を省き、極力人数を絞って四千人としたのである。しかし勝重は言った。

「この四千人という人数は、まだまだ多すぎるぞ。もっと減らすことはできないか」

「では、どこを減らせるか、もう一度調べてみます」

勝重の要望に応えて、久四郎は下僚と研究し、子どもと僕婢《ぼくひ》を名簿から削除し、人数を千六百人まで大巾に減らした。その結果再提出されたのが、今二人の前に置かれている人別帳であった。

「まァこんなところじゃな、これ以上は無理であろう。御苦労であった。これをまとめて駿府の上様に届け置く故、その方町方《まちかた》に命じて、キリシタンの主だった者共に、当分の間人目につく振舞を慎むように伝えよと申せ」

人別帳に目を通した勝重が、更に念を押すようにこう言ったのには理由があった。

勝重は職掌《しょくしょう》柄《がら》豊臣側の動きには常に注視を怠らず、それに伴なう徳川方の対応にも目を配っていた。また家康のキリシタン対策が、これらの変化に連動して決まるであろうことも予測していた。従って、家康の指示で前年からキリシタン信徒の調査をするようになった時、勝重は京に於いても信徒への迫害が始まることを予感した。京を中心とする上《かみ》の地方では、これまで幕府はキリシタンの活動に殆ど干渉しなかったが、それは信仰を認めたのではなく、特殊な思惑《おもわく》があったからである。端的《たんてき》に言えば、上方《かみがた》の人心《じんしん》を掌握する必要があったからである。大坂に豊臣家が居《い》座《すわ》っている間は、上方の人心を失うような軽挙は避けるという、家康らしい慎重なやり方であった。上方以外の地方では、二、三の要所を除き、捕縛や処刑等、かなり苛烈な弾圧が始まっていることを勝重は知っていた。

勝重が知っていたのはもう一点、大坂城内の動静である。故太閤が蓄えた豊富な金銀を使って、諸国の浪人を望みに任せて召し抱えていることは、すでに駿府《すんぷ》に報告済みだった。豊臣家が反徳川の人材を集めていることが明白になった以上、大坂打倒の軍を起こすには何か一つ、口実がありさえすればよかった。そうした状況に於いて、昨年来信徒の調査が求められているのは、キリシタンにとってはまさに赤信号なのである。

家康が大坂攻撃に踏み切るには、実は更に一つ、二条城での秀頼引見という儀式を経なければならなかった。家康の要求を拒み続けた秀頼側が、漸く応じたこの対面の儀式は、表面的にはにこやかだったが、実際は緊迫した空気に包まれ、彼我対決の場となった。家康は秀頼を北にし、自らは南に座を占め、一応君臣の礼を執って三献《さんこん》の盃を交わしたものの、秀頼は酒肴に殆ど口を付けず、片桐且元・大野治長ら随従の面々もそれに倣った。特に加藤清正は秀頼の側《そば》を離れず、小刀《しょうとう》を懐《ふところ》に忍ばせて身構えていたと言われる。こんな空気の中で、秀頼の体格が良く、態度も堂々としているのを見た家康は、

〈これは将来手強《てごわ》い相手となるやも知れず、今のうちに手を打たねばなるまい〉と密《ひそ》かに思う。

秀頼は下座《しもざ》に控えた所司代勝重にも金三十枚を贈った他、城内各所に金品を分与し、清正に促されて早ばやと二条城を退去した。家康は後日本多正純《まさずみ》に、

「あれは少しも太閤に似ていない。まことに彼の実子であろうか」

と語ったと伝えられる。巷間《こうかん》偉丈夫《いじょうふ》であった大野治長の子であるとの噂もあるが、淀殿の実家浅井家の子女は、例えば京極マリアに見る如く、皆大柄なのである。

所司代からキリシタンの人別帳が提出されたのは、三月の対面後、慶長十六年五月のこ

とであった。家康は調査に一年も要したことを怒り、勝重を叱責した。勝重が所司代の職務は手落ちなく遂行しながら、事キリシタンに関する限り、妙に消極的になることに家康は気付いていた。しかし彼を所司代の地位から下《お》ろそうとはしなかった。勝重の人格に対する家康の信頼は篤く、この程度のことで彼の職を免ずるはずも無かった。そもそも勝重を選んでこの職に就けたのは、他ならぬ家康自身だった。幼少時に禅寺に入った勝重が、父と弟が戦死した後、三十半ばを過ぎて還俗《げんぞく》したのは、家康の慫慂《しょうよう》によって家督を継ぐためであった。次いで駿府、江戸と権力の拠点を移す度に、家康は彼をその地の町奉行に任じ、関東代官の職も兼務させた。慶長八年の幕府開設と同時に伊賀守に補任し、京都所司代を命じた家康に対して、勝重は「妻と相談致しましてから」と称して、即座に受諾しなかった。

「所司代は公正を持《じ》すべき重職である。自らはもとより、妻子も身を慎み、職務を害する誘惑に乗らぬよう戒心しなければならぬ」

勝重はこの考えを妻女にも納得させたかったのであろう。

京都所司代は確かに江戸幕府では老中に次ぐ要職であった。その職責は三つに大別される。第一は禁裏を中心とする公卿集団と寺社の監理、第二は豊臣家と西国諸大名の監視、そして第三は京都奉行として、京内外の訴訟を主とする民生の保護である。本来は中央政府が果たすべき役割を、幕府の江戸開府に伴ない、肩替わりする役職が重要なのは当然で、その担当者の選任は容易ではない。

所司代は与力五十、同心百の人員を配下に擁していた。警察組織としては通用しても、軍事的勢力とは言えない。南に接する二条城は儀礼的空間に過ぎず、武力による首都防衛の機能は専ら伏見城が担っていた。前にも触れたが、戦国の余燼《よじん》がくすぶるこの時代の、京の治安維持には並ならぬ苦労があったことであろう。

幕末まで五十代続く所司代の初代として、板倉勝重の歴史的評価は頗《すこぶ》る高い。『名将言行録（岡谷繁実著）』巻之五十三、板倉勝重の項に次の一節がある。

勝重人となり、沈深偉度《ちんしんいど》あり。民を視ること子の如し、民亦之《またこれ》を欺くに忍びず、平常経史《けいし》を講誦《こうしょう》し、饋遺《きい》を禁絶《きんぜつ》し、裁決公平、政事大《おおい》に治《おさ》まれり。万民枕を富嶽の安きに置き、勝重の寿命長久を祈れり。死するに及びて、民為《たみた》めに服を制する者多かりけり。

（勝重の人柄は落ちついて考え深く、……常に経書や史書を読誦《どくじゅ》し、贈り物はすべて謝絶した。争い事の裁決は極めて公平で、民心の安定に実績をあげた。……勝重死去するや、多くの人が喪服に改めて哀悼の意を表したと言う）

民を視ること吾が子の如く、民またこれに応えて善政に服し、勝重の長寿を願った。実《まこと》に大変な賛辞であるが、敢えて言えば、宗教家としての彼の一面への言及が無い。家康に促されて還俗《げんぞく》したとは言え、彼は三十半ば過ぎまで禅宗の僧侶であった。この点は豊臣時代の前田玄以と同じである。中年以後、形は武家に変わっても、勝重の心は依然として宗教家のそれであった。それが端的《たんてき》に表われるのが、彼のキリシタンへの対応である。慶長十七年頃から露骨になる幕府のキリシタン弾圧政策の下《もと》で、彼は立場の矛盾に苦慮することになる。

ところで、幕府の禁教政策を当時推進した人物として、ここに一人の仏僧の名を挙げなければならない。それは「黒衣の宰相」と言われた南禅寺の以心崇伝《いしんすうでん》である。彼は僧職に在りながら、家康の政治・外交顧問となり幕政に参画した、凡《およ》そ勝重とは対蹠《たいしょ》的な人間であった。

司政の衝《しょう》に当る政治家は、温和に進もうとしているのに、慈悲忍辱《じひにんにく》を標榜《ひょうぼう》する仏僧が極刑厳罰を主張して之《これ》を行なわしめる（姉崎正治『切支丹伝道の興廃』）という意味に於いても、両者は対極的存在であった。豊臣家滅亡のきっかけとなった方広寺の鐘銘問題で、崇伝が演じた役回りは歴史に残っている。西笑承兌《せいしょうじょうたい》（相国寺《しょうこくじ》）の後を承け、彼が家康の書記となったのは慶長十三年で、初めは外交文書の作成が主たる仕事であった。承兌は彼の師であるが、一般に仏僧が書記に採用されることが多いのは、その学識を買われてのことである。しかし政治的感覚に優れた崇伝は、やがて国政一般の相談にも与《あず》かるようになり、諸寺院法度《はっと》を初め、武家諸法度、禁中・公家諸法度等の起草・制定にも携《たずさ》わる。慶長十七年から俄かに厳しくなるキリシタンの取り締まりに、この仏僧の力が働いていることは間違いなく、通称金地院《こんちいん》崇伝の名は太兵衛ら町方《まちかた》の耳にも入っていた。

正月も三ヶ日を過ぎた日の朝、桔梗屋の店先に出入りの職人の一人が駈け込んできた。

「大変どっせ、油小路の天主堂が取り壊されてまっせ」

その声に奥に居た太兵衛も出てきて、直ぐ清吉を連れて店を出た。清吉は信徒ではなかったが、その誠実な人柄を信じて、以前から信心に関わる用事に彼を伴なうことが多かった。特に前年の柬埔寨《カボチヤ》行では、数か月間起居を共にして、一層その感を深くした太兵衛は、教会の打ち壊しは近頃予期していた事であるだけに、万一の事態を考えて彼を伴ったのである。あまり人目につかぬように、二人は回り道をして現場に急いだ。しかし、元誓願寺《せいがんじ》通の小川《こがわ》を越えた辺りで警固の役人に阻まれ、先へ進むことができなかった。ただし二人が橋の袂《たもと》に立っている所へ、古畳を積んだ大八車《だいはちぐるま》が何台か来たので、やはり建物の解体作業が進んでいることが分かった。太兵衛は清吉に言った。

「あれは階下の礼拝堂の畳や」

下京教会の様子を見ようと三条店へ回ると、こちらでも取壊しの話を聞いていて、今店の者を下京教会の様子を見に行かせたところだ、と長七が告げた。

突発的に始まったかに見えるこの事態も、太兵衛には予感があった。それは得意先の屋敷で、家康の相談相手となった金地院崇伝の最近の動きを、ある程度聞いていたからである。キリシタン対策に関して、崇伝はかなり強硬な意見を家康の前で唱えていると言うことだった。この話はモレホンにも伝えてあったから、彼らも心の用意はしていたはずである。太兵衛が三条店に居るうちに戻って来た店の者の報告では、下京教会は今のところ無事だということだった。ただ外人のバテレンには、京からの退去令が出たらしい、と近所の噂も聞いて来た。

思えば、関ヶ原の戦を挟む前後十五年足らずの間は、キリシタン迫害の歴史が小康を得た時代だった。太閤没後、徳川政権確立までの短い年月の猶予《ゆうよ》期間と言うべきものであった。今後京では「キリシタン」の伝道が再開されることはないであろう。そして今回のような禁教処分が、これからも何時、またどんな形で突発的に開始されるか予想がつかない。その時の覚悟はできているか。万が一にも戸惑うようなことはないのか。太兵衛の心は様々に揺れた。

今回突然教会の打ち壊しが始まったのには、実はそのきっかけとなる事件があった。キリシタンに関わる事件ではあるが、町方には知られていない。それは岡本大八の収賄《しゅうわい》事件である。仔細《しさい》はこうだ。家康の側近本多正純《ほんだまさずみ》の臣下で、与力の岡本大八なる者、肥前のキリシタン大名有馬晴信が予《かね》てより旧領回復を求めていることを知り、一計を案じて晴信に言う。晴信先年長崎にて、ポルトガルの黒船を爆沈させた功により、近く大御所様より旧領三郡を賜わる御沙汰あるべし。就《つ》いては、その労をとる本多正純に謝礼をするよう、また金品の受け渡しは自らが仲介する旨を伝え、晴信その申し出に従う。ところが、その後話は一向に進展せず、不審に思った晴信が岡本大八に問い質《ただ》したところ、その話は長崎奉行長谷川左兵衛の妨害により沙汰止みとなったとのこと。納得の行かぬ晴信側が本多正純に訴えて事は明かるみに出た。すべては大八の欲心に基づく作り話であった。これを聞いた家康は烈火の如く怒り、大八は火刑、晴信は贈賄《ぞうわい》の罪で甲斐に流罪の上切腹を命じられる。しかし晴信はキリシタンであるところから自死は選ばず、自ら望んで斬首された。夫人のジュスタは暫く流刑《るけい》地に留め置かれた後、再婚前の菊亭家に二人の女児と共に戻されたが、息子二人は晴信の後嗣直純に殺害される（本書P.180《系統図》※印参照）。

この事件は、キリシタンに同情的であった本多正純を、岡本大八が私腹を肥やすために利用しようとして起こったものとされているが、前後の経緯に不可解な点が多く、関係者がキリシタンであったこともあり、それ程単純な事件だったとも思えない。その波及効果は重大で、家中に巣くうキリシタンの存在に気付いた家康は厳しく内部調査を始める。その結果、原主水《もんど》（鉄砲組頭）・小笠原権之丞（三河幡豆邑《はつむら》城主）ら、十四名の家臣を改易・追放し、天領を含む幕府領全域に禁教令を発する。豊臣家との最終的対決が迫るなかで、それまでキリシタンに曖昧な態度をとって来た家康が、これを契機に一転明確な反キリシタンの方針を打ち出す。こう考えると、この事件にはやはり隠された意味があったと言わざるを得ない。

※上京教会の破却については『当代記』に、――伴天連《バテレン》師匠ノ寺有二二箇所一。右之内西京寺は被焼払、四条町中に可有之寺は……との記述があり、西京寺を西ノ京所在の寺と解釈すれば、油小路の上京教会は当時無かったことになるが、史実として確証が無い。

（彼の伴天連《バテレン》の徒党）実《まこと》に神敵、仏敵たり。急《すみやか》に禁ぜずんば、後世必ず国家の患《うれい》あらん。……一天四海宜しく承知して、敢て違失することなかれ矣（※原文は漢文）。

これは慶長十八年（一六一三）十二月二十二日、金地院崇伝が家康の命を受けて起草した伴天連追放文の一節である。崇伝はこれを「鶏明《けいめい》より曙に至って文成り」として一夜で書き上げ、将軍秀忠に献上、直ちに幕府の本格的（全国的）禁教令となった。命令が所司代板倉勝重に下だると同時に、その実施担当者として小田原城主大久保忠隣《ただちか》が京に派遣されたのは、些《いささ》かおかしなことだった。勝重の優柔不断な態度を見越して、幕府は強力な実行部隊を送り込んだと考える他はない。正月早々京に乗り込んだ忠隣らは、忽ち教会を初めキリシタン関係施設を破壊し、信者を捕えて俵詰めにして転がしたり、女は裸にして曝《さら》すと脅したりして棄教を強要した。京の人心を不安と混乱の状態にした忠隣の信徒迫害は、しかし、不思議なことに突然終息する。何故か、取り締まる側の忠隣が武器を所司代に差し出し、その身は近江に追放となったのである。忠隣改易の背景には、いろいろな事情が伏在するのだが、ここでは本筋を外れるのでこれ以上は触れない。

禁教令を受けた勝重は、すでに十二人の外人宣教師に退京を命じ（他に三人が潜伏）、伏見・大坂の人数と合わせて、全員を長崎へ送り出していた。日本人信徒の主要な人びとにも、改宗を拒めば退京を命じた。また内藤ジュリアとベアタス会の女性たちも、その後長崎に送られ、先着の神父らと合流する。勝重は加賀の前田家へも申し入れ、高山右近らの追放を促す。当主の利長は何とかこれを回避しようとするものの、右近は覚悟を決めて受け入れる。三月に入って加賀を出た一行は江州坂本で停止し、約一か月を過ごす。勝重が足留めを命じたのだ。家康が右近の信仰と武勇を恐れていることを勝重は知っていた。〈このまま彼らを京に入れれば、不測の事態が起こるやも知れず〉と思ったので、家康からの指示があるまで彼らを待機させたのである。家康が取りわけ危惧したのは、右近が大坂城に入って、豊臣方の総指揮を取ることだった。実際秀頼は右近出港後、長崎に勧誘の使者を送っている。家康からの指示は結局、男子は即刻大坂から長崎へ送ること、女子は夫人以下娘や孫も含めて、望むなら京に留《とど》まってもよい、というものであった。しかし女性たちも、右近や内藤如庵らと共に海路長崎へ向かったのである。

降ったり止んだり陰うつな日々が続く五月雨《さみだれ》の頃、梅雨の晴れ間を縫って茶会の誘いが来た。興聖寺《こうしょう》の古田織部からである。茶室開きに招かれた三人だが、木屋が都合悪く、八文字屋と太兵衛の二人が朝会に出た。織部の話では、この夏駿府《すんぷ》から江戸に回わり、幾つかの用務を果たして来なければならぬ。帰京は多分明年春頃になると思うので、茶の湯でお付き合いのある方《かた》がたとは、こうして暫《しば》しのお別かれの茶会を、順々に開いているとのことであった。相伴席《しょうばん》には茶の弟子でもある側近の木村宗喜が着いた。席上太兵衛は持参した包みを解いて、高さ一尺五寸程の壺を織部の前に置いた。

「船載の真壺《まつぼ》にござります」

真壺とは茶壺のことだが、織部は一目見るなり、

「おッ、これは呂宋《ルソン》の壺ではないか」

と言った。

織部は昔太閤在世の折、この壺を見たことがあったのである。

「然様《さよう》にござります」

太兵衛は問われるままに、真壺を入手した経緯を物語った。

「堺湊《みなと》から大船を仕立て、何処《いずこ》ともなく船出された話は聞いてはいたが、まさか柬埔寨《カボチャ》とはのう。然《さ》れど彼地《かのち》にて重用され、早くも枢要の地位を占めるとは、さすがに助左殿、われらの及ぶところに非《あら》ず。——然《さ》りながら、なまじこの国の内にて小競《こぜ》り合いを致すより、広く外《と》つ国に出《い》で、驥足《きそく》を伸ばすに如《し》かず、助左殿が羨ましゅうござる」

織部は壺を取り上げ、矯《た》めつ眇《すが》めつ眺めながら呟《つぶや》くのだった。

師の利休はこの壺を推賞し、太閤秀吉を初め世の数寄者《すきしゃ》に珍重され、これを呂宋から将来した助左衛門は巨利を博した。だが、その反面、壺の売買に関して秀吉との間に確執を生じ、国外逃亡という結果を招いた。織部もまたこの壺を嘆賞したのであるけれども、彼の関心は実は利休とは別のところにあった。同じ南蛮の焼物でも、作品そのものに潜む美を見た利休に対して、珍奇な形や絵付けに触発されつつも、そこから織部は新たな美の創出に向かったのである。利休のいわゆる「侘数奇《わびすき》」は、視点を変えることにより、日常の雑器に寂《さ》びた味わいを見出《い》だす美意識だが、織部の場合は、例えば沓形《くつがた》茶碗に見られるように、「せと茶碗ひつみ候也、へうけもの也（歪《ゆが》んだ、面白い形である）」（宗湛《そうたん》日記）という、原形とは異なる破格の創作であった。

織部の独創的な精神は茶の湯の意匠に限らなかった。他者に盲従せず、独自の行動を取る彼の生き方にも、それは通じるものであった。彼には茶人らしい抑制された性向が見られる一方、権威を恐れず自己の信念を貫く強さがあった。それを示すいくつかのエピソードは、そこにも織部の美学が潜むことを物語っている。ただしそれは、やがて彼の命運を決することにもなるのである。

今回太兵衛らは朝会に招《よ》ばれたが、多くは夜会で、招ばれる顔触れには常連《じょうれん》と言うべき人びとがいた。この人びとがかなり頻繁に出入りすることから、寺僧の一部が不審を抱き、幕府方、恐らく家康の政治顧問天海僧正あたりに通報する。将軍秀忠の茶道師範に対して、家康は慎重な態度を示す傍ら、所司代勝重には織部の動静を常時監視するように命ずるのである。こうした状況の中で太兵衛ら町方の者が招ばれるのは、一種の偽装工作であったかも知れない。今回の関東行きも、駿府で片桐且元と合流して江戸に向かい、当分滞在する間、幕府草創の模様を偵察して大坂に知らせる、というのが目的であったらしい。

板倉勝重は京に着任以来茶を嗜み、織部とも個人的交流があった。ほぼ同世代のこの茶人に、勝重は敬意を抱《いだ》きこそすれ、敵視する理由は何も無かった。しかしながら、結局は主命に従い、織部を破局に追い込む役割を演じるのである。

この頃家康は加賀の前田家に対して、再び疑心を深めていた。疑惑の中心には高山右近が居た。前藩主利長はキリシタンに理解があり、太閤に追われた右近らを客分として召し抱え、茶匠南坊の名で右近を茶事に専念させた。ところが右近らの宗教活動は依然として止まず、北陸の前田領はキリシタンの天地となった。岡本大八の事件以後、キリシタン大名は殆ど姿を消した折から、北陸三国の状況は家康の神経を苛立たせ、強硬な対策の断行を促した。所司代に右近らの監視強化の厳命が下だる。勝重は右近とは面識が無かったが、その言行と人柄については予て織部からいろいろ聞いていたので、役目とは言え、この仕事にもあまり気乗りはせず、口実を設けて与力の杉浦久四郎を金沢に派遣し、それとなく右近の様子を見るに留《とど》めた。

太兵衛が呂宋の壺を織部の手許に置いて、茶会から戻った日の夜、母親のくらがひっそり息を引き取った。夫の陰《かげ》に隠れて、何事にも控え目な女であったが、それに相応しい亡くなり方であった。去年東埔寨から長崎に帰着、積荷をあらかた捌いてから京に戻った息子の無事な姿を見て、緊張が解けたかのように寝たきりになっていたのである。

〈今回自分が南海に船を出し、自ら乗り組んで行ったのは、商売のためと言うより一種の功名心からであった。キリシタンへの厳しさが増したこの頃、自分がかなりの無理を押して出掛けた結果、了善亡き後息子だけが頼りだった母親に、心の重荷を負わせることになったのではないか〉

くらが亡くなってから、今更の如くそんな思いに襲われて、太兵衛は人知れず涙を流した。

その一方、くらの死と入れ代わるかのようにたえが身ごもった。太兵衛にはすでに四人の子が居り、長男ミカエル以下、カタリナ、トマス、フランシスコと、すべて幼時に洗礼を受けているので、これから生まれる子にも幼児洗礼を授けてもらおうと考えた。

〈この子は亡き母の生まれ変わりかも知れない〉

とも思うと共に、今後激化する反キリシタンの逆風の中で、如何にして子どもたちを守って行くか、覚悟を固めなければならなかった。

(十九)　大坂の陣

四男ペトロの出生後半年余り、今度は津島の母が倒れたとの知らせが入った。たえは直ぐにも津島へ駆け付けたいと言う。父帯刀《たてわき》の時にも家に居なかった彼女は、今回母に若しもの事があれば、自分は二親《ふたおや》共に死に目に会えないことになる。何としても行かねばならぬと言う。本来ならば太兵衛も行くべきところではあるが、今や家康の大坂攻めは目前に迫まり、京にも東軍の諸隊が集まり始めている。こういう時に幼い子ども達を残して、主《あるじ》人夫婦が家を明けるわけには行かない。三条店にも子どもが居り、長七やさなも手《て》一杯《いっぱい》だ。

「私は大丈夫です。とにかく母の様子を見て来ます。万一京に異変があれば、むしろ津島の方が安全かも知れません」

たえは子らを太兵衛に託し、思い切って出て行った。今回も八助が供である。子どものことも心配だが、母親の病状も気にかかる。迷いながらの近江路では、西上する東軍の諸隊と何度も擦れ違った。そのため道中に手間取り、津島では結局白布に覆われた母親と対面する。位牌を抱いて帰洛したのは半月後、冬の陣攻城戦の三日前だった。

方広寺の鐘銘問題が起こったのは、これより先、四か月程前のことであった。大仏の開眼供養は八月三日と定められ、僧侶千人を招請、諸般の準備も整っていたところで、七月二十六日、本多正純と崇伝は突如供養の中止を大坂方の片桐且元に通告したのである。鐘銘の《国家安康・君臣豊楽》の文言に難癖をつけたのだ。もともと大仏の再建は、大坂城の金銀を費消させるのが家康の目的だったのだが、今や豊臣家覆滅の軍事行動を起こすきっかけとして、鐘銘問題を利用することになったのである。

齢《よわい》七十を過ぎて未だ徳川の天下統一成らず、最早一刻の猶予《ゆうよ》もならずとする、家康の心情は理解し得るにしても、斯かる強引なやり方で秀頼母子を火中に死なせた後味《あとあじ》の悪さを、家康は自らどう克服したのだろうか。鐘銘本来の意味を捩《ね》じ曲げた崇伝の曲学阿世に救いは無くとも、夏の陣以後「元和《げんな》偃武《えんぶ》」と言い、文治主義を唱えた歴史の流れに、家康の心を読み取るべきであろうか。

大坂方からは且元と共に大蔵卿局《おおくらきょうのつぼね》（大野治長母）が、駿府に到り陳弁に努めるものの、事態は一向に変わらず、十一月十九日、大坂冬の陣が始まる。徳川方は初めから開戦を狙って仕掛けたことであるから、大坂の使者を受け入れるわけもなかった。

かくて東軍は二十万とも三十万とも言われる大軍をもって大坂城を囲み、籠城の西軍も、寄せ集めと言われながらも十万の兵力で守りを固めた。十重《とえ》二十重《はたえ》に城を囲んだ東軍の諸隊は、互いに接近して身動きもならぬ過密状態だった。しかしながら攻防は膠着して、決着がつかなかったのは、城の南側に設けた、いわゆる真田丸に拠る幸村父子の奮戦もあったとは言え、何よりも鉄壁を誇る大坂城の堅固な構えによることも明らかだった。老巧な家康はこれを見て、翌月二十日前後に和議の交渉に入り、いったん戦は終息する。

「堅固な城は一度攻めてから和談に持ち込み、和議の条件として堀を埋め、城壁を壊した後、再び攻めれば落ちるものだ」

かつて家康は秀吉がそう語るのを聞いたことがある。冬の陣で家康はまさにこの故知《こち》に倣ったのである。再戦は必至であった。

和議を機会に城を出て、堺の小嶋屋を訪ねて来た者がいる。花村半左衛門である。冬の陣では織田長益（有楽斎《うらくさい》）の手に属していた由、小嶋屋から京にも知らせがあった。半左の話では、有楽にはあまり戦意が無く、合戦中は手持ち無沙汰であったとのことだった。彼は「此度《こたび》の戦《いくさ》は、このまま終息するとは到底思われず」と言い、その理由として次の如く語ったという。城中には真田幸村・後藤基次ら強硬な主戦派が居るけれども、織田有楽や大野治長が淀殿の意向を受けて和議に踏み切ったのである。家康がイギリスやオランダから買い入れた巨砲の破壊力に、初めは戦闘的であった淀殿がすっかり怯えたのだ。しかし、停戦後の徳川方の態度は傍若無人《ぼうじゃくぶじん》で、互いに誓書を交わした和議の条件を守らず、総堀だけでなく、二の丸、三の丸の堀まで埋め、塀や柵も破却してしまった。さしもの堅城も裸城《はだかじろ》同然となった上、秀頼母子の大坂退去をすら促す始末、これでは主戦派ならずとも、断固一戦を交えんものと立ち上がらざるを得ない。半左自身、ひどく憤慨して城内へ戻って行ったそうである。

ところで太兵衛には、モレホン神父らのその後の消息が気掛かりであった。先に岡本大八の事件で上京教会を破壊され、京を追われた神父は、高山右近に呼ばれて金沢に赴き、密《ひそ》かに前田領内で布教していたのだが、最近八文字屋に届いた連絡で、大坂城内に居ることが分かったのである。城中には他にもフランシスコ会のパードレら五名程の外人教師が

居り、キリシタンの武将明石掃部《あかしかもん》（ジュスト）の保護を受けていた。東西再戦の噂は京にも流れており、人心再び騒然とする中で、

「今度開戦すれば大坂方が不利で、パードレらの無事も期し難い」

そんな不安に駆られるのだった。それでも太兵衛らは八文字屋の奥の間に集まって、モレホン神父らが京に潜入して来た場合の対策を話し合った。ただその時は、一同本格的な禁教の対象となるだけではなく、大坂方の残党隠匿《いんとく》の罪も加わることを覚悟しなければならなかった。

大坂城内には神父らの他に、一般の信徒もかなりの人数が立て籠もっていた。これらキリシタンの関係者の多くが、大坂城内に入ったのは何故だろうか。幕府が禁教と迫害を強化したためでもあろうが、それ以外に、カトリック系の神父らの心の底に、オランダやイギリス等新教国人への対抗心があったことも考えられる。オランダ人や英人アダムズ（三浦按針《あんじん》）が、事ある毎に家康の耳に吹き込んだ反キリシタンの中傷は、表向きは交易上の利害に基づくように見えても、神父らにとってはカトリックへの攻撃に他ならなかった。その意味で、冬の陣は新・旧両教の、東・西両軍による代理戦争だったのだ。

再戦の準備成った家康は、豊臣家の国替えか、さもなくば新規召し抱えの浪人らを追放

せよとの無理難題を、今回も開戦の口実を作るために持ち出し、大坂方の陳弁には一切耳を貸さなかった。在日経験の長い神父の中には、

「この停戦は戦巧者《いくさこうしゃ》の家康公が、最初から仕組んだ作戦の一環に過ぎない」

と見破る者も居た。


慶長二十年（一六一五）四月、遂に夏の陣の前哨戦が始まった。大坂方が城を出て、岸和田・堺方面に進出、堺市街は兵火によって全焼する。兵器製造等徳川寄りの堺の姿勢を怒った大坂方に、焼き打ちされたのである。これ以後大坂方は無防備となった城に籠もらず、専ら野戦に訴えることになる。これに対して徳川方は、籠城《ろうじょう》戦となった冬の陣は一か月半を要したが、今度は兵力に優る東軍が圧勝すると踏んでいた。五月六日、七日と続く戦闘は、実際その通りの結果になった。初日は不運にも見舞われる。大坂方はこの日、大和《やまと》川沿いに来る敵と、その北、八百《やお》・若江方面へ回る東軍とを迎え撃つべく、二手《ふたて》に分かれ、前者に後藤基次・真田幸村・毛利勝永、後者に木村重成・長宗我部《ちょうそかべ》盛親の諸隊がそれぞれ配置された。ところが、幸村・勝永隊は朝から立ち込める霧に阻まれ、集結時刻に遅れたため、基次は孤軍奮闘して討ち死にする。もう一方の重成隊も朝霧の中で奮戦した末、重成戦死し、城中から退却命令が出て長宗我部隊は城内に引き上げる。

二日目は早朝から出陣した西軍が、実際に戦端を開くのは正午である。大坂城南方の河内《かわち》平野で展開される両軍の戦いは、一進一退が繰り返されつつも、やがて兵力に優る東軍が押し切り、一帯は乱戦模様となる。ここでは真田勢の奮戦が目覚ましく、一時は家康の本陣に迫る勢いであった。結局幸村も戦死し、伜大助は城内に退く。諸将皆城外に出て、秀頼母子の周囲には今や家族と側近十数名が残るのみ。大野修理治長は、火中で自害しようとする母子を押し止《とど》め、秀頼夫人となった家康の孫娘、千姫を送り返す代わりに、母子の助命を家康に交渉する。固《もと》より家康が応ずるわけもなく、城内山里丸の小さな収蔵庫に入った母子は自裁するのである。治長以下二十数名の殉死者の中には、大蔵卿局や真田大助の名も見える。大蔵卿は治長の母であると同時に淀殿の乳母《めのと》でもある。また方広寺鐘銘の作者、南禅寺住持の清韓文英も殉死しているのは、自分の作品が豊臣家滅亡の原因となったことに責任を感じたのであろう。焼け崩れる巨城の唯一残った山里の収蔵庫は、助命の交渉成らずと見るや轟然《ごうぜん》と爆発した。仕掛けられた爆薬に点火されたのだ。秀頼母子の遺体は戦後の検証でも発見されなかった。

大坂の陣が乱戦に終わったのには、それなりの理由がある。東西双方とも、合戦としてはかつて無い大軍を動かしたことと、大坂方が人数集めに狂奔する余り、農民や町人まで城内に収容したことが考えられる。純然たる戦闘行為の他に、乱軍のなかで略奪・凌辱《りょうじょく》等の犯罪的行為が横行し、武器を持たぬ人びとは惨憺《さんたん》たる被害を受けたのである。死体が流れを埋め、橋が無くても川を渡ることができたと言われる。籠城した宣教師らも、身ぐるみ剝がれて裸のまま、辛うじて脱出したことが報じられている。外人教師らを庇護した明石掃部《あかしかもん》は宇喜多秀家の旧臣であるが、最後の接戦中に落命した。その一方、キリシタンに好意的だと言われた伊達《だて》政宗を頼ったパードレは、保護を忌避され、その時同行した日本人イルマンに、「伊達侯が家臣をローマに派遣したのは信仰のためではなく、天下取りの手段に過ぎなかったのだろう」と批判されることになる。

堺の町が大坂方の手により全焼した知らせはすでに京に届いていた。小嶋屋の消息は不明であったが、訪ねて行くわけにも行かず、不安を抱《かか》えたまま日を過ごしていた太兵衛に、漸く淡路《あわじ》から長い手紙が来た。文面の大要は以下の如くである。

四月二十八日、大坂方の兵約二万が城中から出撃、途中二手に分かれた一隊が堺の町に侵入、いきなり各戸に放火を始めた。堺は豊臣側に敵対していたわけではなかったから、町民は何が何やらさっぱり分からず、ただ逃げ惑うばかりだった。小嶋屋の店は海沿いにあり、火の回りも遅かったので、大切な物は殆ど船に積み込み、店の者も総勢乗船して港を脱け出した。ただ本宅の方は何も彼《か》も悉皆《しっかい》焼けた。家内を初め皆無事であったことを、せめてもの幸いと思わねばならぬ、とあった。

また半左についても書かれていた。あれから再び城内に戻った半左からは、後《あと》の陣が始まる前に一度便りがあったきり、その後は消息不明である。半左の手紙には、織田有楽斎《うらくさい》が城を去り、京に隠棲《いんせい》したことを報じ、

「自分ら旧臣が御家《おいえ》再興を願って戦おうとしているのに、身内の人間にその志《こころざし》が無いとは、一体如何《いか》なるわけか」

と酷く憤った文言があったという。太兵衛は、茶人とはそんなものかと思った。しかし、同時に思い出したのは、了善がしばしば口にした言葉だった。

〈勝った敗けた、やったやられたは人間の業《ごう》じゃ。その果てはどうなる。茶人は人の愚かさを見て居る。それを超えようとするのじゃ〉

信長の次男信雄《のぶかつ》は、冬の陣の前に大坂方から入城を求められたが、誘いに乗らず京に退隠している。織田の一族には、今更豊臣の延命に手を貸すまでもあるまいという、冷《さ》めた気持ちもあったのかも知れない。

〈そもそも身内と言うなら……〉と太兵衛、〈実の姉妹が敵対して戦うという、今回の事

態をどう考えればよいのか。とりわけ徳川方のお江与の方は、何を考えているのか、それが知りたい〉とも思った。

小嶋屋の手紙は、淡路の洲《す》ノ《の》本《もと》からだった。ここは小嶋屋の当主の母の実家である。堺が焼かれたのは、徳川方にも通じていると思われたからだが、以後海外への貿易港としての機能を、堺は長崎に奪われる。

太兵衛のもう一つの気掛かりが消えたのは、それから間もなくのことだった。誰か日本人に頼んだらしいモレホンの書状が、長崎から木屋に届いたのだ。彼は冬の陣の直前に城内を脱して長崎に到り、呂宋への船出を待っているところ、との内容だった。書状を託された人の添え状に、今ごろはすでに呂宋の地を踏んでいるのではないかとあった。半左の安否は依然として不明である。

今回大坂の陣の前後に最大の活躍を示したのは、他ならぬ京都所司代板倉勝重であった。大坂方の動静を見守り、細大洩らさず通報して家康側の動きを助け、対応を誤ることが無かった。その活動は戦後も変わらず、残党狩りは執拗《しつよう》を極めた。修羅場《しゅらば》を脱した敗残の将士が各地で捕らえられた。長宗我部盛親もその一人である。中でも特異な一例は古田織部の場合だった。将軍家茶道指南とは言え、織部に対しては予て警戒の眼を離さなかった所司代に、家康父子を襲撃する陰謀ありとの訴えをする者があった。首謀者木村宗喜を捕えたところ、陰謀の全容を自白したので織部も捕縛された。暗殺計画の発覚後、織部は終始一言の弁明もせず、長男と刺し違えて果てた。その後二・三男も刺し違え、四男は父の墓前で切腹、五男は夏の陣で討ち死にしている。元和元年六月、織部父子五人の最期であった。

太兵衛はまたも、茶人とはこういうものかと思った。

〈織部が徳川に背いたのは、故太閤への義理立てか、それとも他に何かあるのか。あるとすれば、それは何か〉

武人である前に茶人であった織部のおおらかな相貌が、改めて太兵衛の胸に浮かんだ。それにしても所司代勝重が、斯くも克明忠実に職務を果たしたのは、キリシタンへの自らの不作為に対する、代償行為と見るべきであろうか。

㈩ 京都大殉教

長崎の入り江に大きな和船が三隻浮かんでいる。ポルトガル人のいわゆるジャンク船である。大きいと言っても、黒船に較べればかなり小型だが、これからこの船で大勢が南の国へ渡るのだ。禁教令で追放された人びとが、この地で足留めされてから早くも半年近くになる。風と海流によって動く帆船は、季節風の影響を受けることが多いので、出帆は漸く十一月八日と決まった。右近が乗るマニラ行きには、右近と内藤如安、その従者と親族二十二名、内藤ジュリアと修道会員十四名、更に二十三名のイエズス会士と同宿十五名、イスパニアの修道会士十七名が詰め込まれた。乗組員を加えれば、総数百名を越す。これでは乗船者が多過ぎると訴えると、長崎奉行長谷川左兵衛は、女どもは船の舷側に括り付けて置けと言った。マカオに向かう他の二隻にも日本人信徒が居たが、乗船者の主体は七十人以上のイエズス会士であった。マニラ行きの船は、日本近海でオランダ船に襲われそうになったり、嵐に遭ったりしながら、十一月二十八日に漸くマニラ港に着いた。総督・大司教以下、市民総出の歓迎を受け、馬車で大聖堂に向かった。当地では、すでに多くの聖職者が日本に於ける右近の信仰と苦難を伝え、キリストの闘士としての評価を高めていた。しかし右近は長旅の疲れと、狭い船中での心労により、上陸後僅か四十日目に病床で息絶えた。異郷で果てる、彼のせめてもの慰めは、長年にわたって導きを受け、呂宋にも同行してくれたモレホン師に、最期を看取られたことであったろう。葬儀は盛大且つ丁重に行なわれた。

内藤如安は中国の、特に医学書の研究と翻訳に従い（彼は朝鮮出兵の媾和に際して北京に長く滞在した）、寛永三年（一六二六）現地（マニラ）で没した。遺体は右近の側に葬られた。また妹のジュリアは、同行したベアタス会の婦人たちと、マニラでも修道女会を組織し、現地女性を交えて祈りの日々を送る。寛永四年、兄の後を追うように死没。

宣教師《パードレ》の大多数が長崎から送り出された筈であったが、実際は二十七名のイエズス会士を初め、各派合わせて四十二名が日本に残留した。多くは下《しも》の地方（九州）に潜伏したもののの、関東から東北各地に散った者もいた。京では大坂方の残党狩りと併せて、キリシタンの詮議《せんぎ》が一段と厳しくなった。秀忠は万事を父に倣い、父の指弾《しだん》を受けざるよう腐心する余り、却って家康より強硬な態度を示す場合が少なく無かった。それに対応する所司代の職務は、勝重の心に次第に重圧の度を加える。

桔梗屋の店の奥にも、人目を忍ぶ人びとが、夜間に時どき出入りするようになっていた。東・西の対決が漸く終わり、これからは平穏な暮らしに戻るかと思われたのに、事実は逆だった。この頃は四六時中《しろくじちゅう》緊張が解けず、絶えず周囲に警戒の眼を向けなければならなかった。太兵衛は自分でも目付きが悪くなったのではないかと思う。とにかく、これからは信仰について教会を頼ることはできない。自分たち自身で信仰を守らねばならぬ。現に今店の奥には、上京教会時代のイルマンが潜んでいる。彼らの世話をするのは、今度は我われなのだ。

太兵衛がそんな思いを新たにするのは、以前から了善と共に動いた人びと、木屋は代《だい》が替わり、八文字屋は前年に亡くなっており、今や太兵衛は教区の古参になっていたという事情にもよる。彼はこの後木屋宅のミサで、《ロザリオの会》結成を会衆に呼びかける。信仰の危機に際して、同信結束して助け合おうと提案したのである。

京・伏見の教会破却に始まる大久保忠隣の荒仕事から、大坂の陣へと続く騒動が京の人心にもたらした不安と混乱の状況は、もうこの辺で解消しなければならぬとは、京の治安を預かる勝重の思いであり、立場でもあった。キリシタンへの彼の対応は、本来的にはその宗教心に根差すものであったが、差し当たっては何よりも職務上の要請だったのだ。異教への単なる興味や好意ではなかったから、勝重は度重なる江戸からのキリシタン弾圧の指示や要求を、無視したり緩和したりすることが多かった。

それでもなお市内では、毎日のように捕縛される者が出た。大部分が豊臣の残党と言われたけれども、中にはキリシタンなるが故の拘束もあった。一般信徒でも、理由が付けば捕えられ、投獄されたのである。

勝重はこれに対して、それ以上の処刑は行なわず、そのまま獄に放置した。キリシタンの処刑に関する彼の基本方針は、命を奪うことは極力避ける、説得して棄教させるか、京から僻地へ追放するかの二者択一であった。

パジェスの『日本切支丹宗門史』(吉田小五郎訳)に従えば、

(所司代板倉殿は) 部下の役人に命じて、違背者 (=キリシタン) に対して、特に脅迫や苛酷な屈辱的な取扱いをなし、愈々という場合に、追放させることにしたが、但し殺すことだけは禁じた。

当時奥州津軽に流罪と決まったキリシタン、京・大坂の七十一人が、晴衣《はれぎ》を着て越前敦《つる》賀《が》を船出しようとする姿に、「彼らを鎖でつなぎ、烙印《らくいん》を押そうとした」役人に対して、「所司代はこれを許さなかった」。役人たちには、勝重の気持ちがなかなか理解できなかった。

上京の奉行は、所司代の意向を知らぬ振りをして、領民を苛酷に取扱った。彼は男女合せて二十人ばかりを捕縛させた。男は素裸《すはだか》にして町を引き廻され、(中略) 終《つい》には広場に曝されて、日暮まで放置された。

(この刑罰は翌日、翌々日も繰り返される)

（以上引用部分はパジェス『宗門史』）

勝重の下僚は彼の考えを知りながらも、江戸からの指示を聞いてはかなり勝手に行動したので、信徒側から見れば、昨今の京の空気は依然として厳しく油断のならぬものがあった。

太兵衛は三条店の長七に、

「当分上京の店には近づかぬように、何時奉行所の手が入るか分からぬ。巻き添えになってはいかぬ」

と申し送ってあった。桔梗屋は了善の代から、キリシタンとの関係が知られぬように配慮してきた。そのためだいいうす丁はもとより、表向きに信徒集団に関わるような振舞は一切避けてきたのである。以前堺町通から上立売に店を移したのも、そうした配慮からであった。この方針は、了善が堺の小嶋屋の京店《だな》として独立した時、営業上の都合から小嶋屋と話し合って決めたものだった。しかし店の主立《おもだ》った者には知られていたようだし、また誰よりも所司代勝重が知っていた。大坂の陣の場合に見られる如く、各種情報の収集は所司代の主要任務のうちだった。だが所司代の座に勝重がある限り、桔梗屋の商売には何の差し障《さわ》りも無かった。先に家康から命じられた京キリシタンの人別帳にも、太兵衛の名は無かった。ただ、ここの処、店の仕事はあまりうまく行ってはいなかった。かつて了善が競争意識を燃やした茶屋家のような、将軍家につながる豪商の繁栄には及ぶべくもなかった。太兵衛は身辺の不安を感じつつも、遠からずまた柬埔寨に船を出そうかなどと考えることもあった。

ところが、ここで店に一つの事件が起こった。土蔵の中の商品が一つ紛失したのである。柬埔寨で納屋助左衛門から譲り受けた真壺であった。二個の内一つは前に織部の茶室に置いてきたのだが、残った方に今回買手がついたのだ。蔵の中を毎日点検していた清吉は、前日の午頃《ひる》には確かに在ったと証言した。どう見ても外部から侵入した形跡は無く、犯行は内部の者としか考えられなかった。——三日後、犯人は意外に早く割れた。二番々頭の猪ノ助だった。犯人の特定が早かったのは、最近の彼の行状にあった。六条三筋《みすじ》町の郭《くるわ》に、彼が足繁く通っていることを知った番頭の甚三が、予て度々注意していたところから、目星《めぼし》をつけて問い質《ただ》したが埒《らち》が明かず、太兵衛も加わって漸く白状に及んだ。市内の骨董《こっとう》屋に売り渡して郭通いの資金にしたと言い、残金を差し出した。太兵衛に激しく叱責され、その夜は床に就いた猪ノ助は、翌朝姿が見えなかった。この猪ノ助が奉行所に出頭して、桔梗屋がキリシタンであることを訴えたのは、数日後のことであった。役人が人別帳を調べて、記載が無いことを所司代に報告すると、勝重は「然様《さよう》か、捨て置け」と言っただけだった。その後与力の杉浦久四郎から、駈込みの訴えがあったことを知らされた太兵衛は、ベアタス会の女たちまで俵責めに遭っている場面を想い出した。米俵の中に首だけ出して詰め込まれ、それを役人が市中を転がしながら、「転《ころ》べ（改宗せよ）、転べ」と叫ぶのだ。自分の家族にも愈々そんな事態が迫って来たことを、覚悟せずには居られなかった。

元号が変わって元和二年四月、大御所家康が長い生涯を終えた。天下取りの執念を果たし、権力維持の万全の体制を整えての薨去《こうきょ》であった。二代将軍秀忠は、偉大な父の後継という重責に押し潰されそうになりながら、諸事万端遺漏《いろう》無きよう幕府の経営に努めた。父の遺訓として、とりわけ彼が守ろうとしたのは、徳川の覇権を脅かす者の排除であった。その意味では、秀忠にとって、豊臣の残党とキリシタンとは同類であった。

家康の没後半年、葬儀も終わり秀忠政治が始まった頃、勝重の長子重宗が所司代屋敷に訪ねて来た。江戸城下《じょうか》造成の模様や将軍身辺の様子等、話は多岐にわたったが、彼の主たる目的は、どうやら京のキリシタン対策の確認にあるらしかった。

「江戸では京の取り締まりが手緩《てぬる》い、との評判が専らにござります。信者らが何不自由なく動き回り、居ない筈のバテレンの姿さえ市中で散見されるという噂まで流れております。

こんな話は上様のお耳にも入って居るらしゅうござります。このままですと、やがて父上にもお咎めがあるかも知れませぬ。城中には『所司代もキリシタンか』などと、不埒《ふらち》なことを申す輩《やから》もあるやに聞いております。何卒、父上様、我ら一門にまで累《るい》が及ぶことの無きよう、向後はより厳重なるお取り締まりの程を願います」

勝重は苦笑した。自分のやり方が子どもらにも迷惑をかけているとは、

〈ちと浅慮の憾みありか！〉

重宗はそれだけ言って帰って行った。わざわざ言いに来るところを見ると、江戸では余程困惑しているのであろう。さすがに勝重も少し考え込んだ。

勝重の考えが基本的に変わることはあり得ないが、以後彼はやり方を変える。彼も子孫は守りたかったのだ。

将軍秀忠は、大御所が尊重した勝重の人柄と政治的手腕をそれなりに評価しつつも、その施策の結果には必ずしも満足してはいなかった。キリシタン対策が正にそれであったから、側近に在った重宗には風当たりが強かったのであろう。

斯くして、京ではこの年以後キリシタン狩りが激化する。だいうす丁にしばしば捕吏が入り、信徒と覚《おぼ》しき者を引き立て、奉行所で改宗を迫る。それでも棄教せぬ者を投獄し、

それ以外は釈放する。そんな段取りであった。取り締まりが始まる日は、早朝から役人が町の門を固めて逃亡を防ぎ、一軒毎に押し入ってキリシタンであることを確認し、数珠《じゅず》つなぎにして連行する。そのやり方がかなり乱暴であったから、事情を知らぬ者は恐怖し混乱した。しかし勝重はそれ以上のことはせず、収監者を時折引き出して吟味するだけであったので、牢獄は次第に人が増えて手狭になり、環境は悪化した。

信徒の取り調べは先に作成した人別帳によったので、実際の信徒数はもっと多く、その実情を知っている下役の中には、勝重の方針を生温《ぬる》いと評する者も居り、その声が次第に高くなるのも避け難いことであった。

投獄される信徒数が増えるに連《つ》れて、残された家族や縁者で暮らしに困る者が続出した。それらの人びとを救うのは富裕な家の役目なので、桔梗屋も当然それに関わり、この頃は商売よりもそちらの仕事で歩き回ることが多く、財産は減る一方だった。店の奉公人も、実家へ帰ると称して辞める者が出てきた。身辺に不安を感じるのであろう。

元和四年（一六一八）十月のある日、皆がまだ寝ている早朝に店の大戸を激しく叩く者が居た。手代の一人が潜《くや》りを開《あ》けると、十手《じって》を持った役人がぬっと入ってきた。

「大戸を開けろ」と言う。次に「主《あるじ》は居《お》るか」とも言う。

太兵衛は奥の間で早朝の祈りを捧げているところだった。店に出て見ると、大戸の外には十人程の捕《と》り手《て》が控えていた。

役人は太兵衛の名を言い、次いでたえの名前も挙げてから、

「他に信者は居るか」と訊いた。

太兵衛が口籠《くちご》もっていると、

「これから両人を奉行所へ連れて参る」

と言い、外に居る者たちに、「一同掛かれ」と命じた。家内の捜索をするのかも知れない。

そのうちたえや店の者も起きて来て、眠い眼を擦《こす》っていた。

番頭は通《かよ》いなので、後の始末を清吉に託し、夫婦は身支度《みじたく》を済ませてから店を出た。

「愈〻来るべきものが来たな」

たえは黙ってうなずいた。もう覚悟はできているのだろう。腰縄《こしなわ》を打たれて曳かれて行く二人の姿に、朝店を開け始めた町の人びとは好奇の目を見張った。桔梗屋の主人《あるじ》夫婦であることは分かっても、二人がキリシタンなることは知らぬ者が多かったからだ。

奉行所は旧聚楽第《じゅらくだい》の跡地、所司代屋敷の一郭にあった。後に京都町奉行として独立する

が、当時は所司代配下にあり、市内とその周辺の犯罪取り締まりに当たった。二人はそこで、他の逮捕者と共に取り調べを受け、棄教を求められる。もとより肯《がえ》んじる筈も無い。型通りの入牢《じゅろう》となるところを、どういう訳か場所を替え、改めて所司代直々《じきじき》の説得を受ける。

「御身《おんみ》は本来由緒ある家柄ではないか。織田嫡流の家の重職たるべき人であることは、すでに当職も承知している。店の仕事も順調とのこと、そう言えば先年、南国に船を出して、彼《か》の呂宋助左衛門に会うたそうじゃな」

太兵衛は、〈役目柄とは言え、よう知って居るな〉と思った。

「然《しか》るに、此度《こたび》はこうして奉行所に呼ばれ、縄目の恥辱も受けねばならぬ。これも御身の信心の故《ゆえ》じゃ。それがしもかつては仏門に在りし身、神仏に向かう心を忘れては居《お》らぬ。然《さ》れど、家名を汚し、一族に背《そむ》いて異教を信ずるは何故ぞ。向後徳川の世が続く限りは、キリシタンの国禁たるは変わることなし。児孫《じそん》のためにも改宗なされ」

勝重は敢えてそれ以上太兵衛たちの存念を聴かず、

「突然の拘引で用意ができなかったであろうから」

と言って、役人が付いて一旦二人を桔梗屋に帰してくれた。まさに異例の恩典である。

他の入牢者に対しては如何だったのだろうか。

帰って見ると、三条店の長七夫婦が来ていた。大番頭も顔を揃えていた。子どもたちの不安な表情は、双親《ふたおや》の顔を見た途端に消えた。翌朝再度出頭ということになっているので、役人らはそのまま朝まで店で待機することになった。

奥の間では、長七夫婦に大番頭と清吉を交え、早速今後の相談に入る。話し合っている間、妹のさなは泣き続けた。両親はすでに亡く、今また兄夫婦が居なくなれば、これで彼女の実家は消えてしまうのだ。

「兄《あに》さん、キリシタンはどうしても、抜けることは出来《でけ》へんの」

彼女は何度も涙声で訴えた。たえにも取り縋って訴えた。太兵衛は妹の哀れさに思わず胸が一杯になった。しかし、太兵衛にとって、ここで信仰を棄てるのは己れを失うことだった。勝重も「後《あと》に残る者のことを考えよ」と言った。だが、恩愛《おんない》の絆《きづな》は一時、信仰は永遠を目指すものだ。

たえの言葉は少なかった。ただ「私はこの人の後について行きます」という声だけは、一座の者にはっきりと聞こえた。

結局、この夜決まったのは、店を閉《し》めること、奉公人は全部解雇、清吉のみ三条店に残って、無住の店、特に蔵に収めた物品の管理に当たる。ただ、一般にキリシタンが処刑されると、その財産は没収、競売に付されるのが例である。また子どもたちは、長七夫婦が引き取り、養育することになった。明朝は子どもたちが寝ているうちに家を出られるよう、すべての手筈を整える。今後の展開は太兵衛の決断如何《いかん》に掛かっている。桔梗屋がどうなるかは、太兵衛の考え次第だ。皆の思いは同じだった。

浅い眠りの一夜を過ごし、二人は役人に囲まれて出て行った。その前に夫婦は足音を忍ばせて子どもらの寝部屋に入り、一人一人の顔を脳裏に刻みつけるかのように眺め、暫くそこに佇《たたず》んでいた。

これから十月《とつき》余りの、太兵衛とたえの獄中生活が始まる。男女別《わ》かれての牢に、時折訪れては中の様子を牢番に聞き、付け届けをしたりするのが清吉の仕事になる。

多くの入牢者《じゅろう》が詰め込まれた牢内は窮屈で、楽に身を横たえることができず、大勢の人いきれで天井から滴《しずく》が落ちる有様だった。当然体調を崩す者が続出、太兵衛はその人びとの看護に追われ、祈りを捧げる暇も無く、己れの苦痛を忘れた。女牢はそれ程混み合ってはいなかったが、一緒に居る子どもたちがむずかるので夜も眠れず、そのため具合が悪くなる者も少なくなかった。こんな獄中の日々、時折呼び出されては棄教を迫られるのが、せめてもの息抜きになった。勝重の狙いは、入牢者が獄中の苦痛に耐えかねて棄教するのを待つことにあり、敢えてこうした作戦に出たのであろう。

元和五年五月、将軍秀忠は二年ぶりに入洛した。後水尾帝に対する和子《まさこ》入内《じゅだい》の下準備が目的だった。三か月後に用務を終えた秀忠は、江戸への帰途伏見城に立ち寄り、入牢中のキリシタンが処刑されていないことを知って激怒する。

斯くて太兵衛らの処刑は俄かに執行されることになり、刑場まで彼らを乗せて市中引き回しに使う大八車が用意された。処刑場に東山の大仏前が選ばれたのは、何か理由があったのだろうか。反徳川の一点で、キリシタンを大坂の残党に結びつける、秀忠の意向が働いたのかも知れない。

十月十七日、処刑当日の朝は、女たちは予《かね》て持ち込んでいた白装束に着換え、男たちも衣服を改めた。

以下またパジェスの記述を引用する。

五十二人の犠牲者が、十一※台の大八車に積込まれた。男衆と子供等は、先頭と最後の車に、女や乳飲児《ちのみご》、即ち抱かれたままの子達は、残りの車全部を占めてゐた。一人の露払が先頭に立って、死刑の宣告を読み上げた。「日本の皇帝将軍様は、此者共皆キリシタンなるにより、火炙《ひあぶ》りにせんと欲し、かくは命ずるものなり」と。殉教者達は、この露払の言葉を認めて言った。「如何《いか》にも、我々はイエズス様の御ために命を捨てるのである、(主に栄光《みさかえ》あれ！)」(※大八車九台との説もある)

太兵衛の子どもたちは獄中に居たのではない。この日、親たちが市中を引き回されていると聞き、家を出て後《あと》を追って来たのである。途中で車列が停止した時、子どもたちは太兵衛の車目がけて乗り込もうとした。休んでいた役人らが制止すると、車の上から太兵衛が大声を挙げた。

「お止《と》めくださるな、お役人！　その者どもは手前の子どもでござる。我ら同様、キリシタンでござるによって、一緒に連れて参る」

思わず叫んだ自らの声で、太兵衛の心は決まった。車にしがみ付く子らの姿を見て、一瞬迷いの夢が覚めたのだ。この子らを残しては行けない。

役人の一人が刑場で待つ勝重に注進に及ぶと、傍らの与力が、

「『構《かま》わぬ、捨て置け』との仰せだ」

と言っただけだった。

大八車の行列が刑場に着いた時、太兵衛は勝重に呼ばれた。

「何度も申したことであるが、この期《ご》に及んでは最早何も言わぬ。ただ子どもらを巻き添えにするのは止《や》めよ。子は天からの授かりもの、親のものと思うは誤りぞ。何としても子は助けよ。後のことは、及ばずながら、それがしが力になろう」

「身に余る有り難きお言葉。然れど、やはり一緒に連れて参る。子は親のものと思うわけではございませぬが、親なればこそ、共にデウスの許に参り、永《とこし》えの命を得させ度き所存。常々子らにも申し聞かせ、連れ合いも然様心を決めてござる」

太兵衛は譲らなかった。ただし、心の片隅には、子どもたちの中に長男のミカエルの姿が見えないことに、思いあぐねるものがあった。

日は早くも西に傾き、辺りに夕もやが漂い始める頃、処刑の準備が整った。一本の柱に二人ずつ背中合わせに括り付けられ、幼児は母親に抱かれた。それぞれの十字架の周りには、薪が堆《うずたか》く積み上げられる。

この薪は普通受刑者から少し離して積まれるのだが、それは処刑中熱さに耐え兼ねて離脱する者が出るのを待ったためであった。しかし今回勝重は、信心堅固で棄教の見込みの無い今日の受刑者に対しては、むしろ火を近付けて、苦しむ時間を減らしてやった方が良いと考え、薪を彼らの直ぐ足元に積むように命じたのである。

たえと子どもらは、太兵衛から離れて十字架に付けられた。問題は五人の子どもを、どう組み合わせるかであった。たえ（教名テクラ）は、子どたちは皆自分と一緒に括って欲しいと懇願したが、役人は許さなかった。それを見て、長女のカタリナ（十三才）が、「私は隣りの柱でよい」と言い、六才のペトロと共に縛られる。臨月のテクラは三才のルシアを抱き、フランシスコ（八才）とトマス（十二才）が、左右に括り付けられることになる。彼らの他にも三人程の幼児が居り、それぞれ母親に抱かれていた。

辺りが暗くなるなかで、愈々薪に点火される。燃え上がる火焔《ほのお》の中で、子どもたちの泣き叫ぶ声が聞こえる。大人たちはひたすら「イエズス・マリア」と唱えるのみ。それらの声も、火勢の激しくなるまでにはすっかり消え、刑場の外に詰め掛けた人びとの祈りの合唱が、海鳴りのように広がるばかりだった。テクラは隣りのカタリナに、

「祈りなさい、イエズス・マリア様を念じなさい」

と繰り返して声を掛け、子どもたちを宥《なだ》めながら息絶えた。抱いたルシアと身体が焼き付き、母子一体の骸《むくろ》と化す。

燃え盛る火中で天の一角を見つめつつ、なおも聖母子の名を呼び続けていた太兵衛も、身を刺す熱さが痺れに変わる一瞬、ふっと意識が途切れた。不思議なことに、その時脳裏

にあの声が響いた。

人間五十年

下天の内をくらぶれば

夢幻のごとくなり

一度生を受け滅せぬ者の有るべきか

死のふは一定

前日から他出していた長男のミカエルは、帰ると直ぐこの日の処刑の話を聞かされ、呆然として座り込んだ。暫くして立ち上がり、物も言わずに店を出る。刑場に駈け付けて処刑の跡を確かめ、そのまま役人に、自分もキリシタン故、父母《ちちはは》同様に処刑をと願い出る。役宅に戻っていた勝重は連絡を受けたが、もとより許すはずもない。むしろ、期せずして橋本の家名と子孫を残こす結果になったことに、無量の感慨を覚えた。

数年前、ベアタス会のルシアを連れて出奔、奈良へ逃れたハビアンは、一年足らずで仏僧らに居所を追われ、枚方《ひらかた》、大坂を経て九州へ落ちて行った。そのハビアンが長い沈黙の後、排耶書《はいやしょ》『破提宇子《はだいうす》』を著わしたのは、元和六年正月、京都大殉教の翌年のことであった。この書中で彼は桔梗屋の末路を嘲笑している。

京洛《ケイラク》ノ中《ウチ》ニ於テ桔《キ》梗屋《キョウヤ》ノジュアント云《イイ》シ者ノ一類、泉南《センナン》ノ津《ツ》ニテハ日比屋ノ一党ハ、商家ナガラモ提宇子《ダイウス》ノ大檀那《ダンナ》ニテアリシが、此等《コレラ》ノ一族多《ヲヲク》ハ死善《シゼン》ヲ得ズシテ亡ビニキ。此等ノ子孫、今何《イズ》レニカ在《アル》。

ハビアンは、この小論を出して間もなく、同年三月人知れず没した。

また所司代板倉勝重は、処刑後高齢を理由に辞意を表明、秀忠は許さなかったが、辞意が固いと見るや、

「然らば後任を推挙せよ」

と命じる。

その結果、勝重の長子重宗が二代所司代となる。

親子合わせて五十年、江戸幕府創成期の名所司代の誉れを後世に残こす。寛永元年四月、京堀川畔にて勝重八十年の生涯を閉じる。

——完——

あとがき

本書副題《サブタイトル》の「下天と殉教」について少し書き加えておきたい。「下天《げてん》」とは言うまでもなく、「下天の内をくらぶれば」の下天である。幸若舞『敦盛』では、「化天《けてん》（化楽天）」となっているが、ここでは上天に対する下天（人間界）の意味に解しておく。織田信長が折ある毎に口ずさんだ「人間五十年」の章句は、戦乱の世に明日をも知れぬ生命《いのち》を生きる、戦国武将の覚悟を示したものであろう。そこには仏教的な諦念はあっても、あの世の成仏《じょうぶつ》を願う心は希薄である。

一方、「殉教」は固《もと》よりキリシタンの憧憬《しょうけい》、キリシタンはあの世（天国）での永生を望んで、この世の生を戒める。その眼差《まなざ》しはこの世ではなく、あの世に向けられているかの如くである。宗教改革後のヨーロッパでは、すでに現世肯定の胎動が起こっていても、十六世紀半ばの日本に伝えられたキリスト教は、ローマ教会のカトリックだった。殺戮・争乱のさ中で福音を説く異国の教えに、人びとは感動し、あの世の楽園に救いを求めた。

橋本太兵衛の父了善は、そんな人びとの一人であった。しかし、信仰を受け継いだ息子には迷いがあった。前半生を武士として、言わば下天の内に生きた者が、後半生では一転、信仰一途《いちず》に過ごすとすれば、当然価値観の相剋によって迷いが生じる。然《さ》りながら、そもそも信仰は受け継ぐことができるのだろうか！　太兵衛は処刑の寸前まで、あの世とこの世の狭間《はざま》をさ迷うのである。

前章《まえのしょう》と後章《あとのしょう》という本書の構成は、それぞれ太兵衛の武家時代と商家の時代に対応する。文中に挿入される現代に関わる部分は、昭和三十五、六年の時代を想定している。遺跡を尋ねて現地調査はしたものの、思わぬ誤りあるやも知れず、大方の御叱正を請う次第である。

本書をまとめるに当たっては、いろいろな方に御助力を頂いた。とりわけ京都市元職員の坂井清氏には、勤務の傍ら労を厭わず、共に行動して多くの助言に与《あず》かった。感謝に堪えない。また資料収集に御協力くださった美術史家江花妃奈子氏の御厚意も忘れがたい。

時節柄本書が陽の目を見ることを得たのは、偏《ひとえ》に元日大教授立石弘道氏と国書刊行会社長佐藤今朝夫氏の御尽力による。編集担当の田中聡一郎氏にもお世話になった。併せて、厚く御礼申し上げたい。

二〇一九年十一月一日

ますこひろしげ

著者　ますこ　ひろしげ（増子博調）
1927年東京生まれ。元大学教員。退職後は翻訳・著作に専念（比較文化史・西洋美術史研究）。著書に『日本人画工 牧野義雄』（東信堂）、『フランスから見た幕末・維新』（共著、東信堂）、『女性美のエスプリ』（共著、里文出版）ほか。

京《みやこ》キリシタン始末《しまつ》　下天《げてん》と殉教《じゅんきょう》
2019年11月15日初版第1刷発行

著者　ますこひろしげ
発行者　佐藤今朝夫
発行所　株式会社国書刊行会
〒174-0056　東京都板橋区志村1-13-15
電話 03-5970-7421　ファクス 03-5970-7427
https://www.kokusho.co.jp
印刷製本所　中央精版印刷株式会社

ISBN978-4-336-06554-4